〔日〕楠本佳子 —— 著

程俐 —— 译

引导

帮助孩子自主学习的 47 个方法

北京时代华文书局

目 录

推荐序

自主学习，决定未来　　　　　　　　　　　　李璇　1

自序

正确引导，才能激发孩子学习的内在动力　楠本佳子　6

第一章　12岁前是关键期，这样引导孩子学会自主学习

1　12岁前培养孩子的自主学习习惯　　　　　　　3
2　如果孩子问你"为什么必须学习？"　　　　　　6
3　引导孩子找到自己的兴趣点　　　　　　　　　9
4　尊重意愿，设定目标，学习要这样双管齐下　　12
5　填鸭式学习不可取，给孩子自由的时间　　　　15
6　孩子学习有困难？课外辅导来帮忙　　　　　　18
7　观察，找到适合自己孩子的学习方法　　　　　21

8 父母的学习方法未必都可取 25

9 英语学习，兴趣为先 28

10 "考到80分就好"是禁忌 32

11 拉开孩子之间差距的，是父母的观念 36

12 睡眠充足有助于培养孩子的学习自信心 39

13 熬夜学习不可取 42

14 早起型？夜猫子？调整学习模式 46

15 好妈妈的说话习惯，不催促不命令 50

16 提供多种选择，让孩子自主决定 53

父母引导须知……56

第二章 自信是孩子主动学习的推动力，如何培养孩子的自信心

17 自信，让孩子和父母的人生更充实 59

18 学习不主动，其实是自信出了问题 63

19 自信，从把背挺直开始 66

20 倾听孩子，他会变得自信 73

21 学会放手，培养孩子的思考力、生存力 76

22 引导孩子自主选择 80

23 在日常交流中引导孩子思考 84

24 你是在引导孩子，还是在控制孩子 87

25 养育不能走极端，要恰到好处 91

父母引导须知……94

第三章　父母有教养格局，才能引导孩子的未来

26 教养有格局，才能培养优于父母的孩子 97

27 别让"别人家的孩子"成为摧毁孩子的武器 101

28 远离对孩子有负面影响的教养方式 105

29 拒绝唠叨，营造一个畅所欲言的亲子环境 108

30 如果不希望孩子和某些人交往 111

31 和优秀的人交往，给孩子正向的人际关系示范　115

32 做了妈妈，也要有自己的爱好　118

33 养育孩子，也不忘思考自己的人生　122

34 做一个自信的妈妈　126

35 有主见的妈妈，看见的世界更辽阔　130

父母引导须知……134

第四章　教育始于家，打造让孩子有幸福感的家庭

36 男孩女孩大不同，教育需有差别　137

37 家有二孩，要用不同的关注方式　141

38 妈妈的味道，简单的幸福　144

39 规矩破坏之时正是和孩子聊聊的好机会　148

40 说出真实的想法，更能深入孩子内心　151

41 抓住"最有效的时机"沟通　155

42 训斥孩子要讲究方法　159

43 父母分工协作,养育孩子更有效 163

44 父母不要在孩子面前说对方坏话 166

45 制订使用规则,让孩子做自己的"设备管家" 170

46 数字时代的最好陪伴是保持同步 173

47 妥善使用手机,眼光要放长远 176

父母引导须知……179

后记 180

推荐序
自主学习，决定未来

——李璇（果妈阅读创始人）

似乎没有任何一个时期的父母，像现在的父母一样对孩子的教育如此重视，因此也产生了更大的焦虑。但这也推动了父母的成长，很多父母开始觉醒，开始在努力学习如何做引导型的、智慧型的父母。

网上流传一个段子：不写作业，母慈子孝，一写作业，鸡飞狗跳。这个情况在我家是不存在的，为什么我在作业这件事情上不焦虑，因为很多东西，是底层逻辑思维，当你想明白了，活得透彻了，有切实可行的科学方法了，自然就不会焦虑了。

翻开楠本佳子的作品，我很欣喜，因为这本书直接面对我们日常生活中父母最大的焦虑来源——学习。作为一名担任过幼儿园到高中学生的家庭老师，作为当地知名的"儿童未来私塾"的主理人，她在工作中接触到了大量的

引导
帮助孩子自主学习的 47 个方法

孩子，有着丰富的工作经验，同时作为一对儿女的母亲，她也深深懂得母亲的心理状态。她以自己教育和养育孩子的亲身经历，完成了《引导：帮助孩子自主学习的47个方法》这本书。

从书中，我看到有这样两个问题潜藏在表面冲突的背后，如果解决了这两个问题，面对孩子的学习和作业，你将可以从容淡定地面对。

第一个问题：学习是谁的事儿。

阿德勒说："基本上，一切人际关系矛盾都起因于对别人的课题妄加干涉或者自己的课题被别人妄加干涉，只要能够进行课题分离，人际关系就会发生巨大改变。"

所以，当你面对因孩子的学习鸡飞狗跳的时刻，停下来，想一想，思考一下"这是谁的课题"，然后进行课题分离——哪些是自己的课题，哪些是别人的课题，要冷静地划清界限。

你会发现，其实学习是孩子自己的事儿，学习帮助他掌握知识和技能，学习是为他自己的未来在铺路。作为父母，如果过多地强制孩子学习，就给了孩子不负责任的空间。

以爱的名义包办孩子的一切选择，孩子就失去了学习的内在动力和负责任的能力。许多的矛盾和冲突就从这里开始了。

看到这儿，可能你会质疑说，学习是孩子的事儿，没错，可是他那么小，我不管他，放任他不学习吗？那他考不上大学，没工作，啃老，不是我还要一直养着他吗？

没错，课题分离之后，不是我们放任不管，不是我们不关心孩子的学习，为人父母的责任，是看见孩子的生命本质，引导孩子学习，让孩子为自己的决定和行为负责任，并且给予他们犯错误的权利。

在书中，楠本佳子列举了非常多的方法可以让我们做到课题分离，比如：带孩子加入俱乐部，找到他的兴趣点；不掌控孩子，尊重他的意愿，并设定学习的目标；学会放手，培养孩子的思考力；正确表达，引导孩子自主选择；抓住"最有效的时机"沟通……

第二个问题：拥有什么样的能力才能面对学习这件事儿。

学者周国平说："我心目中的好学生具备两种能力，

一是快乐学习的能力，能从学习本身获得莫大快乐；二是自主学习的能力，能够按照自己的兴趣安排自己的学习。"

我非常认同这个观点，在我的工作中，我不断地告诉父母们，你面对学习的态度和行动是孩子最好的榜样，你如果觉得"学海无涯苦作舟""梅花香自苦寒来""十年寒窗无人问"，学习就是苦难，就是"头悬梁，锥刺股"，那孩子能从心底里爱上学习吗？

每个孩子天生都是爱学习的，他们生下来就在探索这个世界，不断地认知自我。父母需要保护好他们的好奇心，做好孩子的引导人，激发他们内在的动力，让他们爱上学习，做知识的恋人。

同时孩子还应该具备自主学习的能力，因为一切教育在本质上都是自我教育，自己会教育自己，自己会安排学习，只有这样的孩子才能有出息。不论孩子在什么样的学校，能拥有自主学习的能力才是最重要的。最关键的是，孩子自己能不能做自己的主人，因为一个人是要一辈子学习的，唯有拥有终身学习的能力，才能应对不断变化的未来社会。

在这本书中,楠本佳子通过她多年的教学和养育的经验,面对学习中父母可能遇到的种种问题,都给出了特别具体、有用、落地的建议,值得每位父母和教育工作者深入阅读、思考,根据你的孩子的特质,找到属于你自己的养育之道。

我也希望有更多的父母可以通过这本书,提升自己对于学习这件事情的看法。父母能站得更高,看得更远,真正有效地引导孩子拥有自主学习的能力,这才是面向未来不确定的社会,我们给孩子最好的成长礼物,让孩子拥有更好的未来。

自序
正确引导，才能激发孩子学习的内在动力

为人父母的，谁都希望自己的孩子将来能生活无忧、幸福美满。正因为如此，父母们才会在孩子很小的时候就勤于教育，对孩子严加管教。

父母是孩子一切行为的引导人。但是，父母为了孩子一厢情愿地付出，却可能变成操控孩子，使孩子丧失自主成长的空间，失去学习的动力，不会再进步。

脑科学家茂木健一郎先生曾经提到："只要被命令，头脑就会不想动。"我想，如果孩子凡事都能在父母的引导下按照自己的想法做出决定，并为此拼尽全力，那么即便最后失败了，他也会反躬自省，到底是因为自己不够努力，还是做了不可为之事；而且还会从中吸取教训，重整旗鼓，再次迎接新的挑战吧！

但是，当父母操控孩子，让孩子按照父母的意愿去做某件事时，孩子一旦遭遇了失败，就会把所有的责任归咎到父母身上，把自己撇得一干二净。因为那是父母的决定，

自己只是遵循了父母的决定而已。

孩子从小经历类似的事情越多,成年后越会习惯于将事事归责于父母和他人,而不反省自己,以致毫无长进。

开办补习学校二十余年,我遇见过很多在学习上不是出于自我意愿的小孩。当父母插手管教太多,孩子就会失去自动自发的学习状态。

这里,我想分享两个被父母操控、无处可逃的孩子的案例。

一个案例是关于一个男孩的。在他 10 岁的时候,我曾给他做过一段时间的家教。考高中的时候,他本来有自己很想去的学校,可他的父母却强迫他去考另一所。虽然,当时成绩优异的他顺利通过了那所学校的考试,但自那以后人却变得动力全无,像被抽干的空壳一般。人也越来越粗暴,她妈妈来找我商量的时候,我曾建议她和孩子聊聊,但男孩的妈妈却以"不可以使用强力逼迫孩子谈,还是算了"为由回绝了我。不过,她说跟孩子说起我的时候,孩子还是很乐意跟我聊聊的。后来我去见了那男孩,想看看他到底待人粗暴到了什么程度,却发现他一边开朗地笑,一边和我聊天,看起来再正常不过。只是,当我给他上课时，却感觉不到他 10 岁时候的那股聪明劲了，更多了一份迟钝。他虽然耳朵听着我的课，却没有进到脑子里，那种心不在焉、难以投入的状态着实让我吃惊。

还有一个案例是关于一位女孩的。因为她的妈妈觉得她会喜欢那所学校，所以女孩就顺从妈妈的意思进了一所完全不适合自己的女子高中。她一直这样被父母控制，以致连自己是否适合那里也察觉不了。孩子没有自己特别想去的学校，而被迫去了一所妈妈喜欢的学校，这难道不就是事实？显然，她已经被父母操控到不知道自己喜欢什么的地步了。可想而知，她进了那所高中后，就和学校格格不入，成绩也一落千丈。她告诉我，她还被比自己成绩差很多的初中同学讽刺挖苦说，"初中时多优秀啊，现在这是怎么了？完全废了嘛。"

在上述两个案例中，父母都没有和孩子深入对话，直接把自己的想法强加于孩子，还完全没有询问孩子的意见。但是，孩子的未来是属于他自己的。孩子不想做的事是不会想去实施的。

操控型父母的特点，就是想要立马出结果。而引导和培养孩子却是一个漫长的过程。孩子长期受到父母的操控，

自序

正确引导，才能激发孩子学习的内在动力

不能说出自己的内心想法，心智就会逐渐遭到破坏。操控型父母通常不能及早地自我察觉。有时，等他们发现的时候，已经为时过晚。

在这方面做得好的父母会引导孩子去考自己想去的学校。

相比操控型父母，引导型父母的做法是，在对自己孩子的喜好了然于胸的前提下，深入了解有意向的学校，希望孩子去考那所学校，就会早早地告诉孩子那所学校好在哪里，讲一些孩子可能喜欢的地方，引导孩子从内心喜欢那所学校。孩子有不同想法，父母也是耐心倾听沟通，尊重孩子的选择。孩子遇事自己做决定，在学习上会满怀自信地全力以赴，即便受到了挫折也能够重新振作。

教育是一个很注重细节化的行为，有高深理论的存在，但是对于教育实践来讲，父母更需要的是深入的、有实操性的引导方法，而正确的引导，可以帮助孩子自主学习，激发他的内在动力。

本书针对的都是关于学习的细节问题，看似一个很小的问题，如果父母的引导走入误区，都有可能影响孩子的心理感受。一旦孩子获得了不好的感受，就很难听进父母的话，产生逆反情绪。

引导

帮助孩子自主学习的 47 个方法

对你的孩子而言，怎样做最好？

什么话语会摧毁孩子的学习动力？

该怎么做，才能让孩子愿意主动去念书？

该怎么做，才能激发孩子的潜能？

请你不辞辛劳地寻找对你的孩子最好的正确答案。即使是日常生活的简短对话、责备时的遣词用字，希望你常常思考该怎么做对孩子才有效。不要直接复制别处、别人的正确答案，一定有只属于你孩子的正确答案。

这正是激发孩子内在动力的捷径，你自己也会变轻松，因为不用无端生气或瞎操心。当孩子想要自己学习时，他的内心会得到满足。当孩子学习不是为了别人，而是为了自己想要知道多一些，他会爱上学习，主动做一个终身学习者，他的知识和技能将长久持续提升。

希望本书能够帮到你们，助你们一臂之力。

楠本佳子

2021 年 1 月

第一章

12 岁前是关键期，这样引导孩子学会自主学习

1 12岁前培养孩子的自主学习习惯

你希望怎样培养自己的孩子？你希望孩子将来成为什么样的人，过怎样的人生？每个人的期许各不相同。其中不乏"只要孩子身体健康就好"的父母。

的确，努力学习，进名牌大学，去大公司工作，一生安泰的时代已经一去不复返了。

"幸福"的形式越来越多样化，成功的定义也会因为自己追求目标的不同而大相径庭。

所以，我非常理解父母"只要孩子健康就好"的心情，

引导
帮助孩子自主学习的 47 个方法

我也认为的确如此。从某种意义上来说，这或许可以说是父母的终极愿望。

也许有些人从小就是在父母"快去学习"的唠叨声中长大，痛苦的回忆使他不再想去强迫自己的孩子学习。不少经历过惨痛应试大战的人应该都会在养育下一代的过程中产生这样的想法吧。

但是就算如此，在孩子小的时候什么也不教，放任不管，难道就是负责任的行为吗？

在我的朋友中，也有宣称"我家的孩子就算学习不好，只要健康就行"，不对孩子做任何培养的人。但是，有可能因为这种教育观念，孩子无法获得相应年龄应该具备的语言能力和阅读能力，结果只能去接受特别指导。

不管孩子多么健康，如果连最基本的读写计算都不会，也是无法正常生活的。可以说，<u>无论你想让孩子走什么样的人生道路，培养孩子生存必需的基本技能也是</u>

父母的义务。

在考虑"让孩子进好的大学"之前,必须先让孩子掌握生存的基本技能。

小学阶段所学习的内容同时也是为以后的进一步学习打基础的。父母必须让孩子在小学阶段养成自主学习的习惯。习惯的养成请注意三点:一要坚持,二要把"建立习惯计划"写下来,三要展示和记录计划的执行情况。习惯的养成不是一朝一夕的,父母要耐心引导孩子做下去。如果孩子在读小学的时候,就养成了学习的习惯,那么接下去的日子他就会习惯成自然地持续下去。未来,父母就没有唠叨的必要了。

如果孩子能够很好地听说读写,具备用自己的头脑思考的能力,就会认真思考想要什么,认真对待学习了。

2 如果孩子问你"为什么必须学习？"

你小时候喜欢学习吗？你有想过为什么要学习吗？

或许你的孩子也有相同的疑问。如果想让孩子养成学习的习惯，就要先告诉孩子为什么必须好好学习。

<u>但是，对还在读小学的孩子讲大道理，他是理解不了的。与其这样，还不如把道理融入生活中去讲</u>。譬如，"如果你学会了算术，就会懂得如何使用零花钱""据说发生过因为不懂酸碱性，把浴室里的洗剂混合在一起致人死亡的事情"。

妈妈应该把孩子目前学习的内容与实际生活联系起来。也许你觉得自己做不到,但也不用想得很复杂,总之试着思考一下便好。当你开始思考怎么做才能让学习变得快乐时,就可以找到很多方法。

像酸碱性这类问题,你可以在有相关新闻报道时,不露声色地说给孩子听,这样会比较有效。就算孩子当时没能理解也没有关系。日后在学校学到相关内容时,他就会想到"啊,妈妈跟我说过"。这样一来,孩子对酸碱的理解程度就完全不同了。

像这样,**很多事情都可以在孩子没有意识到是在"学习"的情况下告诉他。**其实,小学里学的内容都是生活所必需的。所以我们要把学习并不是为了"进更好的学校",而是**"掌握生存技能"**这层意思传递给孩子。

如果妈妈自己也不喜欢学习,却强迫孩子学习,就会把讨厌学习的情绪传递给孩子。

引导
帮助孩子自主学习的 47 个方法

思考如何让孩子快乐地学习，首先要思考如何让自己快乐。要让孩子学习，妈妈必须关注学习。如果连妈妈也发现不了学习的乐趣那就糟糕了。

另外，如果妈妈觉得学习没什么意思，那么孩子也会那样想。不管怎样，都不能对孩子正在学习的内容表示否定。因为如果孩子不明白学习的必要性，就不会认真去学。

有人说："谚语记了也没什么用。"也许不经意中你在孩子面前说了这些话，而孩子却把这些话都听进去，记在了脑中，例如"如果学习，就会知道各种各样的事，会很快乐""世上有很多你不知道的事哦""你知道了就会有用"……

父母要向孩子展示学习是件既愉快又有用的事，这非常重要。让孩子帮忙买东西、找零钱等，多在生活中纳入学习的成果，孩子就能亲身感受到学习的必要性。

3 引导孩子找到自己的兴趣点

我的女儿非常爱学习,而儿子却什么也不想学。就算我问他:"你要不要学点什么?"他也只会慵懒地靠着沙发说:"我讨厌没有空闲的日子。"

我自然希望儿子能像女儿一样有自己的兴趣爱好。所以我试着给他提了很多建议,可就算他本人同意去尝试一下,最终也都因为没有遇到适合的项目而放弃了。

真的就这样随他去了吗?忧心忡忡的我跟很多人聊起了这件事。于是,有人向我推荐了本地的音乐俱乐部。

虽然我觉得儿子绝对不会去学音乐，但还是抱着试试看的心情与儿子说了，结果出乎意料他竟然答应了。

有时孩子就是愿意去尝试一些完全不一样的事。

但是，孩子自己是找不到什么音乐俱乐部的。所以，做妈妈的必须帮他寻找。而且，妈妈还有必要去咨询很多人。

儿子在俱乐部里真的获得了很多体验，包括参加全国举办的音乐会演。

而且，儿子还在俱乐部结识了一个好朋友，并且为了和好朋友读同一所学校，开始努力准备中考。后来，还开始去上补习班。

最初我只是希望他能找到一样自己喜欢做的事，进了俱乐部后我也只是希望他能有更多的体验，没想到儿子却有了更大的收获。

小学时候的回忆和感动会一直留在心底。孩提时代让孩子参加各种体验，就能获得纯粹的感动，所以非常珍贵。

脑科学家茂木健一郎曾说："体验是创造力的源泉。对大脑而言，所有的体验都是有意义的。"从这个意义上来说，就算不强迫孩子学习，让孩子读读书也是不错的。小时候读书所带来的感动，我至今记忆犹新。

不管怎样，只要不是孩子本人自己想做的事，强迫他做都是毫无意义的。如果不是带着兴趣去做的话，无论体验的机会多么珍贵，不要说让他感动了，根本连记忆都不会留下。

我的孩子非常清楚自己喜欢什么，但有些孩子可能并不知道自己的兴趣所在，而只是按照父母的吩咐去学。所以，父母要在小学阶段加以甄别。但是，绝不要以父母的标准来进行判断。

4 尊重意愿，设定目标，学习要这样双管齐下

"让孩子学点什么好呢？"

这是妈妈们经常会问的问题。同样，我也有很多话想说！说句老实话，让孩子过度学习的妈妈实在是太多了。

最重要的是，孩子自己要有学习的意愿。不过，只是知道孩子想学什么，也不能任由孩子随意去学，设定学习的目标也是非常重要的。

曾经有这么一对兄妹。还在读小学的妹妹自从到我这里学习英语后，听力和阅读理解的分数都有了很大的

提高，而读初中的哥哥的英语成绩却很差，有时英语听力会得0分。所以我想当然地以为，父母一定让妹妹学过英语，而没让哥哥学。

但事实证明我错了。妈妈在儿子的英语学习上砸的钱并不比女儿少。既然如此，为什么哥哥的英语成绩还是很差呢？于是我带着这个疑问问了一下哥哥，哥哥说，他在英语口语课上讲的都是日语。

的确，相对来说女孩子学英语的意愿更强，而男孩子中对英语不感兴趣的人可能比较多。但是，这不是男女差异的问题，本人是否想学比什么都重要。

如果没有学习的意愿，就算给他报了英语班也学不到什么。没有兴趣是没有办法的。你会在没有兴趣的事情上花多少精力呢？

如果有兴趣，学起来就会很愉快，孩子就愿意把学到的内容分享给妈妈。教人必须自己先充分理解，这样就会不断地促进学习。

引导
帮助孩子自主学习的 47 个方法

如果是这种情况，孩子应该可以学到比实际付出的钱更多的东西。

曾经有个妈妈想让她 4 岁的孩子学习英语。但当我问她想让孩子学会英语后做什么的时候，她却回答说"还没有考虑"。

也就是说，她只是停留在想让孩子学点什么的愿望上，至于想让孩子学到什么程度，希望孩子有哪些收获，也就是对学习的目标和方法没有做过思考。

花了许多钱去英语外教那里学英语，结果连"hello"也不会写，怪不得妈妈为此大发雷霆。可话又说回来，那里本来就只是教授"英语口语"，并不太写文章的。事先没有考虑清楚让孩子学英语的哪个方面，而只是有让孩子先学着的想法，就有可能导致这种结果。

学习是件既费时又耗钱的事，拟定一个能达到的目标很重要。

5 填鸭式学习不可取，给孩子自由的时间

以"姑且先学着"的理由让孩子学习的妈妈，难道只是为了获得为人父母的一份安心吗？

若是如此，那对孩子来说毫无益处。在这种情况下，孩子被每天排满的日程压得喘不过气来，说不定哪天弦就崩断了。(现实中有这样的孩子。)

没有时间，就意味着孩子没有时间去思考。他每天只能疲于应付各种任务。即便是大人，我也不建议这样，孩子就更是如此了。

那样长大的孩子，即使说长大后要腾出空闲时间，也不知道可以做什么，需要自己去寻找新事物来学习，想办法填充自己的时间。

有人认为，虽然父母的一味强迫是行不通的，但如果孩子自己说想学就可以。**但就算孩子说自己很想学，也不能过度填鸭。**

曾经有个男孩子，因为自己想学很多东西，又要读父母要求去的私塾，所以每天日程都排得很满。当他考上高中后，便对任何事物失去了兴趣，什么也不想学了。

从那以后，他既不运动也不学习，终日沉迷于游戏之中。小学阶段培养起来的对学习和运动的自豪感，也在上高中后荡然无存。

据说，后来停掉了补习，孩子因为有了自由安排的时间而变得非常开心，这应该就是计划排得过满后的逆反行为吧。

孩子的成长迅速，学习事物之快也是大人无可比拟的。

不去尝试，就不知道什么才是好的。虽说如此，不断地让孩子接触新事物，且每天维持两项左右的学习，对孩子而言也是负担沉重的。

对于孩子而言，空闲时间和自由时间非常重要。这些时间既是孩子们的思考时间、放松时间，或许还是孩子试图进行某种尝试的宝贵时间呢。

让孩子先学着再说的想法，以及为了有效利用时间将日程排得过满的做法，会让孩子每天处于非常疲惫的状态。

为什么要学那个？因为大家都在学？因为聪明的孩子都在学？或许，你只是陷入了人云亦云的怪圈而已？

让孩子利用自由时间去参加户外活动，去欣赏自然美景，解放了孩子的思维，也给了孩子安宁。

6 孩子学习有困难？
课外辅导来帮忙

当今时代，很多时候光靠学校里学的那点东西已经不足以提升孩子的素养了。这种情况下，父母就需要送孩子去学校以外的地方学习。

也许你觉得孩子还只是个小学生，尚处于低年级，学习不那么要紧，但是如果一开始就受挫，会对后面的学习产生长远的影响。小学阶段尤为重要。因为如果基础不够扎实，就算后面只学应用也没有什么意义。

但是，上补习班是很花钱的。我想困难家庭还是有的。而且，上补习班未必就是最好的选择。有些孩子并不适合上补习班。

若是如此，那就只能在家想想办法了。如果孩子本身很会学习那倒还好，可事情往往没那么简单。所以还是让妈妈助孩子一臂之力吧。

首先，妈妈绝对不能把自己的方法强加给孩子。话虽如此，要把当前学过的内容全部理解也绝非易事。不过请您放心。现在市面上有很多辅导书出售，所以只要好好利用起来便好。如此一来，妈妈轻松，孩子也能够接受正确的教育。

我建议想在家教孩子的妈妈，必须选一本讲解翔实的辅导书。而且，关键是这本辅导书要符合孩子的认知水平。如果辅导书太难，孩子看一眼就没兴趣了。

所以，让我们在考虑孩子学习水平的基础上，选一些讲解详尽的辅导书吧。

当然，辅导书的解答既要孩子能够理解，也要妈妈能够理解才行，这点非常重要。为什么呢？因为我希望妈妈能把解答和解说的内容读给孩子听。但是，并不是答案对上就算完事的。

也许你觉得小学生的题目容易理解，不看解说也行，不过当你真的要去教孩子的时候，有时会感觉相当困难。辅导书编写解说的目的在于方便孩子理解，所以请妈妈们务必做下参考。

你只要把辅导书的解说想成妈妈的学习参考书就行。所以，请你怀着搜寻更详尽学习参考书的目的，亲自去书店比较解说后，再选择辅导书吧。现在市面上的辅导书很多，所以可以带上孩子一起去找。

就算是小学生的题目，也有很难的。像算数图形问题，想不到公式的话就会无从下手。但妈妈只要看下解答就好。这样想来，在家教孩子学习是不是也变得轻松了呢！

7 观察，
找到适合自己孩子的学习方法

跟养孩子一样，世界上并不存在"最正确"或者"最好"的学习方法。

用在其他孩子身上管用的方法，未必对我们的孩子管用。所以，我们只能去寻找最适合孩子的或者最能提升孩子成绩的方法。

很多把孩子送去补习班的妈妈都会有"只要上了补习班应该就没有问题"的想法。因为她们觉得既然付了钱，剩下的事补习班应该会想办法搞定。

所以，如果孩子的学习成绩没有提高，那就是"补习班的错"或者"孩子的错"。

但也许那家补习班并不适合你家的孩子。到底是一对一的个别指导比较好，还是大班化的教学比较好，得视孩子的情况而定。孩子不适合上补习班，说不定在家学习自学辅导教材或者看 DVD 视频的学习效果更好。

再重申一遍，了解最适合自己孩子的学习方法非常重要。

有时我这么一说，就会有妈妈提出疑问："可我不清楚孩子适合哪种方法。""如何判断孩子是否在好好学习？"

答案很简单。**只要多关注孩子，就会知道。**

只要留心孩子上学或去补习班时的态度、回家后的神情，或者在家学习的样子、考试后的言行种种，就可以知道孩子是否学得快乐，有没有在好好学习。

很多妈妈都是通过考试成绩来判断"孩子用不用功"或者"为什么只能考这么点分数"的。但其实，只要妈妈关注孩子日常的生活态度，就可以知道下一次考试他能得多少分。

如果你平时注意观察孩子，根本用不着看孩子的试卷。等到看到考试成绩再发火为时已晚。

不要等到考试成绩出来后才发火或者表扬，平时就要观察孩子。看到孩子努力时要褒奖，看到孩子懈怠时要提醒，让孩子多尝试新的学习方法，这样才能帮助孩子成长，这也是妈妈的职责所在。

我曾经遇见过一个说自己在补习班很开心的男孩子，我问他："你为什么那么开心?你在补习班里都做些什么?"

他满面笑容地回答我说："一直和朋友坐在最后一排

玩游戏！"这样自然是很开心的啦。但父母的钱就打了水漂。

请妈妈们好好关注自己的孩子，找到让孩子开心学习、提升成绩的方法吧。跟孩子聊聊如何利用时间、拟定计划等很重要。父母可以向孩子推荐新的学习方法，讲明自己的理由。比如，"康奈尔笔记法"用在学习过程中可以高效记笔记；"费曼学习法"可以有效提高学习效率。请让孩子从小学开始，思考念书的时间和方法。

8 父母的学习方法未必都可取

有些妈妈为了让孩子养成良好的学习习惯,不惜让孩子照着自己小时候的方法来学习。比如,当要背汉字或者英语单词的时候,就把这个单词写上10遍……

但是,这种方法可能已经"过时"。

人们对于人脑和心理学的研究日新月异,妈妈小时候备受推崇的学习方法可能对孩子"完全无效",甚至还有可能起到"反作用"。

于是,一系列更有效、更高效的学习方法应运而生。

引导
帮助孩子自主学习的 47 个方法

不仅教授学习方法的书籍比比皆是，网上关于这方面的信息也是层出不穷。请大家务必要多多留心和收集此类信息。

话虽如此，但也不是什么方法越新越正确。**最重要的是，是否适合你的孩子**。这才是关键。

所以，如果你小时候用过的方法很适合你的孩子，那就没事。因为未必以前的方法都不可取。

但是有一点需要注意，可以让孩子去尝试你觉得管用的学习方法，但不要强迫孩子去尝试你当初觉得不管用的方法。

"妈妈小时就是这样来提高学习成绩的。"如果这个方法可以说给孩子听，那就作为一个选项告诉孩子。相信孩子听到这些方法，应该也会表现出兴趣的。

但是，如果是连你自己都做不到的事，那就不要勉强孩子去做了。因为孩子做不到的概率会很高。当然如果孩子自己说想要挑战一下，也可以让他试试。

还有，就算是对你来说很管用的方法，或者最新的学习方法，是不是适合你的孩子又得另当别论了。所以，请你绝对不要强迫孩子。

这些内容不仅可以对妈妈说，对爸爸说，甚至对爷爷、奶奶也都可以。比如，"我以前就是这么背诵的""我们那个时代就是这么学习的"——都觉得是好方法，才会有一吐为快的欲望。

在我认识的一个家庭中，爷爷奶奶都是从非常好的大学毕业的，所以他们就以此为由，教孙子学习方法。可是，那些方法都是几十年前的"好方法"了。

希望大家能给孩子多样化的选择，避免一味强迫孩子用过时的学习方法学习，这不仅无法让孩子养成良好的学习习惯，还会使孩子的大好潜能无法被挖掘。

9 英语学习，兴趣为先

越来越多的妈妈希望自己的孩子学习英语。我自己也在开设小学生的英语读本课程，所以有时会有妈妈跑来与我商量孩子学习英语的事。

的确，随着全球化进程的推进，如果从小能接触英语，或许会对将来产生巨大的影响。但是，如果父母没有明确学习的目的，就算让孩子学了也毫无意义。如果只是因为看着不错，是不会真正转化成自己的东西的。

特别是父母如果没有考虑好让孩子学英语学到什么

水平，则会把钱浪费在完全不符合规划的地方。如果父母想让孩子流利地说英语，就必须以此为学习目的。

我的目标是让小学生对英语产生兴趣，爱上英语，所以为了达成这样的目的，妈妈自己也可以在家完成。妈妈只要读给孩子听就行了。

我这么说，可能有人会想"我自己不会英语啊"，就算发音不太标准也没有关系。

妈妈读英语给孩子听的好处在于，可以配合孩子的节奏。如果只是像背景音乐那样，播放些CD的话，是不会起到作用的。因为不让孩子有意识地去听是没有意义的。

只有妈妈读，孩子才会听。而且，妈妈读给孩子听，孩子会有兴趣，会有学习英语的意愿。等到他有了学习的意愿，再和孩子一起听CD吧。

据说，有这样一个听着英语长大的男孩子，他会主动跑去咖啡馆，跟外国人搭话。这应该是对英语感兴趣，想用英语对话的表现吧。如果孩子能这样，作为父母应该很高兴。

另外，我现在用的是英国小学的教科书——《牛津阅读树》(Oxford Reading Tree)。这是一本教授英国孩子学习英语的书，编得很棒，大人也可以学。我个人比较喜欢 I Can Read 丛书，这套书的故事内容很有趣，读起来很开心。

这些书都可以在网上书店或大型实体书店中买到，如果可以，最好买附有CD的版本。因为如果孩子感兴趣，还可以让他通过用耳朵听来学习。

但是，硬逼是不行的。

有个妈妈逼幼儿园的3岁孩子读英语启蒙，因为孩子过于讨厌英语，所以这位妈妈来找英语老师商量，结果老师让她不要逼迫孩子读英语。与其这样，不如在家中摊放些英语绘本，让妈妈时不时饶有兴趣地翻看更为有效。

这样，孩子会慢慢对这些绘本产生兴趣。据说几个月后，孩子就自己拿着书来让妈妈读给他听了。脑科学和心理学的研究表明：如果孩子不是因为被人强制，而是自发地去读书，并乐在其中，会有惊人的成长。

10 "考到 80 分就好"是禁忌

很多情况下,本该是最大限度提升孩子可能性的父母,实际上却起到了阻碍孩子成长的作用。而且,很多父母还没有意识到这个问题。

我有个朋友,从小被他父亲灌输了"反正你这种人就算进了棒球队,也成不了事""你这种人肯定创不了业"的观念,所以他本人也深以为然。

父母的这种说法,会剥夺孩子树立自信的机会,所以孩子只能过着无灾无难的普通生活。而且我觉得这样被养大的孩子，人生一点儿也不快乐。

为什么呢？因为他找不到人生的乐趣。他不会有"试着去做做这个"或者"去干那个试试"的想法，而且就算他有想法，也不会付诸实施。因为他的脑子里最先跳出来的就是"反正我不行……"的想法。

如此一来，这种孩子很可能就会成为家里蹲类型的宅男。

学习也是如此。家长不能限制孩子的学习能力。比如，如果家长对孩子说"考80分就好""考个B级就可以"的话，孩子就只会停留在这个水平上了。

这点已经在著名的"跳蚤实验"中得到了验证。

如果把可以跳2米的跳蚤一直关在只有50厘米高的容器里，就算事后把它放出来，它也只能跳50厘米高了。据说那是因为跳蚤多次被容器盖子打回来后，学到了

"那就是自己极限"的缘故。

孩子也是一样的。**特别是在孩子很小的时候，如果被父母灌输了"只要跳到这么高就行"的观念，那么事后再想突破就会很难。**为了帮助来我这里学习的孩子跳出"考80分就好"的模式限制，我足足花了两年的时间。

即便我要求这类孩子去考100分，他们也会表现出无法理解的神情。他们会罗列出一系列诸如"因为会做错呀""绝对不可能"的理由，因为他们一开始就没想过自己能拿100分。

当然，我也不是要他们总去争取考100分。我想说的是，没有必要给他们设限。

也许你还没意识到，你所说的"考80分就好"，非但不能提升孩子的可能性，反而给孩子设定了一个不必要的上限，从而限制了孩子的成长。

孩子学习，只要肯努力学，不断进步便好，根本没有必要告诉他"考 80 分就好"。

再说了，100 分也未必就是终点。

为什么呢？**因为人生并不存在类似"到这里就可以了"的终点。**学习也罢，努力也罢，一辈子都要持续。所以，为了把孩子培养成为坚持学习、坚持提升自我的人，请父母们不要设置任何上限。

孩子的能力远超父母的想象。用眼神、语气和表情给孩子能量和信心，激发他学习的潜能。

11 拉开孩子之间差距的，是父母的观念

曾经有位妈妈这样感叹道："以前没想那么多，觉得孩子只要过得去就好，结果孩子的成绩每况愈下，真是无奈啊……"

其实，力争上游的孩子也不是全都能"上"的。有些孩子即便再努力，也"上"不去，最后落在了中游，成了"过得去"的孩子。

所以，如果你要求孩子力争中游，那么从中游掉到下游的可能性很高，你最好有这样的心理准备。

但是，大部分妈妈都觉得孩子应该可以保持在中游。这可能是因为妈妈自己也只是完成了学校的要求就能保持在中游，所以觉得孩子也这样就好的缘故。

时代是在变化的。现在的学校变得与过去一样严格（回家作业的量似乎也在增加）。所以，**学习的孩子与不学习孩子之间的差距较以前拉得更大。**

就算妈妈还是那个妈妈没变，但热衷于收集各种信息的妈妈，和本段开头提到的不去获取信息、育儿不多加思考的妈妈之间的差距正在拉大。

当然，什么程度才算"过得去"，会因居住的地域、所属的学校、个人情况的不同而不同。但至少，与 20 年前相比，世界是发生了翻天覆地的变化的。所以，"因为自己是这么过来的，所以……"的说法并不能拿来当作依据。

学习方法也是同理。认为只要孩子每天好好上学，就能过得去的家长真的很多，但现在的时代未必就是如此，这点家长应该充分认识到。

来我这里的孩子都有一个共同点，就是尚未养成自觉学习的习惯。

学校的作业内容，可能考试会考，也可能考试不会考。就算会考，也有难易之分。老师也会有押中考题或押不中考题的时候。所以，**"只要去学校就万无一失"的想法，或许很难让你的孩子"过得去"。**

小学是无法选择的，更别说选老师了。很遗憾，如果孩子和老师不投缘，那就只能上补习班或者家里补习了。

如果要送孩子去补习班，那就先跟老师聊聊孩子的问题吧。事先与老师有过沟通，老师应该会采取适合孩子的教学方法。

12 睡眠充足有助于
培养孩子的学习自信心

最近，来我补习班上课的学生中，出现了一些整天喊困的孩子。总之，他们老是睡眠不足。

据睡眠研究人员调查，在日本过了晚上12点才睡觉的孩子当中，3岁的孩子占到了两成，而14岁的孩子竟然占到了60%～70%。

日常生活中，所有的活动都少不了良好的睡眠。人如果想睡觉，不仅会没心思学习，还会心情郁闷、焦躁不安。睡眠不足也是造成学习能力低下、肥胖和抑郁症的原因。

总是喊困的孩子，通常生活不够规律，学习成绩很难提高，运动能力也不佳。就算孩子学习能力还不错，也会因睡眠不足而无法正常发挥。

这种状态也会影响到心情。因为犯困，无法让自己变得积极，就会说出一些负面消极的话。态度马虎草率，就不会说出"只要做就能行"的积极话语。相反，还会说些诸如"唉，我没办法"的丧气话。那都是因为他很困。

说到睡眠不足的原因，皆是睡得太晚。 特别值得一提的是，很多孩子会在夜里玩游戏。

他会说"别人也都在玩"，却不去想别人玩到一定程度后会收手，会去努力学习。所以，他虽然跟别人一样玩，成绩却不好，于是慢慢地感觉自己不行，变得越来越消极。

据说，现在的日本，全民都在熬夜，工作到很晚的爸爸妈妈很多。

但是，这样的环境对孩子的身体并没有好处。

至少应该让读小学的孩子在晚上 10 点前睡觉吧。

有研究表明，睡眠是记忆和学习的重要环节。睡眠状态下，大脑会回顾需要掌握的知识难点，一遍又一遍地加深加固，学到的东西会在睡觉期间巩固下来。也就是说，<u>如果睡眠不够充足，好不容易学到的知识就不会在头脑中留下痕迹。</u>这样，学习就没意义了。

睡眠对于生活而言非常重要，还是人的基本欲求。睡眠不足不仅会妨碍孩子的身体成长，还无法提高孩子的学习能力（精神层面）。所以请大家记住，充足的睡眠是培养孩子自信的重要因素。

13 熬夜学习不可取

虽然我在前文中提过，孩子睡眠不足是因为半夜玩游戏。但据我所知，其实还有很多不是玩游戏的情况。

刚开始听说这种情况的时候，我甚至怀疑过自己的耳朵，据说还有认为孩子不能在八九点睡觉、必须醒着学习的父母。这都是些什么理论！

做这种事是毫无意义的。孩子明明很困，是不可能学习的。就算强迫他学，他也学不进去。所以，还是没有意义的。

据说有位爸爸声称，他自己以前就是这么干的，不过这也未必能够说明他的孩子也适合这么干。牺牲睡眠学习，难道不是考大学前才有的事吗？把这种方法用在还是小学生的孩子身上本就不对。

此外，好像还有妈妈做家务做到很晚，孩子也很晚才睡的家庭。就算有时妈妈会做到很晚，也可以先让孩子去睡觉的，不是吗？

也许你会想，哪个家庭能早睡呢？但就算周围的家庭都很晚才睡，你也没有必要和他们看齐。

孩子的健康才是最重要的。更何况，为了学习而让孩子熬夜，无异于本末倒置。这样做，只会把孩子的身体熬坏。

既然这样，"那就早上 5 点起来学习吧"，有妈妈提出了另一种想法。但是，这种做法是否适合孩子非常重

要。==孩子明明不想睡却硬让他睡，然后一大早强迫孩子起床，这都是行不通的。处于这种状态下的孩子，是不可能学得好的。==

居然不这么想的家长还很多，我又一次深感诧异。只有对学习过于操心的家长，才会强迫孩子学习。

也许他们认为那才算是"努力"。但是，还是让我们把这种努力用在别处吧。世上还有更轻松、更快乐、更有效的学习方法。

做父母的还是不要变相掌控孩子为好。如果孩子能自然早醒，此时再让他学习才好。

不过，有些孩子到了初中高中，依然无法早起。相信很多家长自己也是这样的吧。

==孩子的身体在不断成长，不断发生着变化。==随着这种身体的变化，相应的睡眠时间、早上醒来的时间、晚上想睡的时间也在改变。当然，也不否认存在体质上的个体差异。

总之，如果想让孩子得到成长，就不要强迫孩子学习到很晚。

14 早起型？夜猫子？调整学习模式

那个有名的某某就是早起学习才考进名牌大学的。也许有些妈妈会以此为由让孩子早起学习。

但是，重要的是这种方式是否适合你的孩子。就算其他的学习方法、上的私塾、用的教材都相同，别人学得好，未必你的孩子也能考出同样的成绩。

亲子之间也是如此，请不要勉强孩子使用你、你爸爸或其他兄弟姐妹的方法。

顺便提一句，我在考大学的时候，曾被要求只睡 5

小时，据说如果睡 6 小时就会落第。（而当时的我睡 6 小时还不够呢！）

强行熬夜或者早起，体能上是跟不上的，这样一整天都会处于昏昏沉沉的状态之中。

妈妈们自以为对孩子的一切了如指掌，但其实孩子在学校和补习班里的情况，妈妈应该是全然不知的。很有可能孩子在上课期间一直打瞌睡呢。

小学阶段，还是让我们优先保证孩子有规律的生活吧。

你可以制订学习计划，但不要一味照着计划走，根据孩子的身体情况随机应变也很重要。

人各有不同，有的是早起型，有的是夜猫子型。所以，我们要让孩子自己去发现哪个时间段学习效率会比较高，怎么做才学得比较顺利。孩子一旦明白了这个道理，对他日后成人也大有裨益。

引导
帮助孩子自主学习的 47 个方法

所谓学习，就是了解自己。

如果一直照着别人的要求行事，那不管到了何时也无法看清自己。因为人必须学会自己思考、自己判断。如果能让孩子萌生自己思考、自己判断的想法，他的能力就会得到飞速提升。

比如，如果孩子累了的时候，还想勉强自己学习，做妈妈的可以从旁这样建议："今天要不不从数学课开始做，改从社会课开始吧？"这样，孩子就会学到当身体不太舒适时做什么比较合适的方法。

而且，如果总是做同样一件事，孩子也会觉得枯燥腻烦，所以类似"偶尔做点这个试试"的提醒，只有妈妈可以做到。有时，相熟亲近确有便利之处，但小孩子也容易记住敷衍了事的方法。

请爸爸妈妈们准确甄别孩子当时的情况，结合孩子的身体情况做出判断，并帮助孩子找到适合自己的学习模式吧！

用充满爱的目光观察孩子非常重要。不是去依赖他人的力量,而是自己去思考与实践。正因为如此,所以这种事只有父母(特别是妈妈)才能够做到。

15 好妈妈的说话习惯，不催促不命令

我希望妈妈们也能在孩子的小学阶段掌握"说话的好习惯"，即不要用命令的语气，因为即便"快去学习"这么一句口头禅也能毁掉一个孩子。

虽说如此，但是妈妈们总会说出"快去做什么"这种话。就算是我，也做得不是十分完美。孩子小的时候，我有时也会发火。不过等到孩子上了初中，我就几乎不说这种话了。

其实，有些妈妈看过我写的另一本书，会觉得绝对

不能对小孩子那样说。但在小学阶段，偶尔说出"快去写作业"这样的话，那倒也无妨。**当孩子变成初中生以后，是绝对不能说"快去做作业"的。**

一直用惯了命令式口吻的妈妈，不可能在孩子一上初中，就马上改掉发号施令的习惯。所以，孩子在12岁之前养成自觉学习的习惯，而妈妈也要在孩子上初中之前养成不发号施令的习惯。

养成这种习惯的好处在于，当学习成为一种习惯时，孩子轻松，妈妈也轻松。因为发号施令需要消耗相当大的能量。

另外，有些妈妈只关注考试。她只考虑考试成绩是否优秀，却没有让孩子养成学习的习惯。当然啦，一旦孩子考完试就什么也不干了。

但是，学习会贯穿人的一生。进入社会，进入公司以后，依然需要学习。要记要学的东西很多。若要取得相应的资质，就必须一边工作一边学习。

就算年纪再大些，也还是有必要学习新知识的。若非如此，人就会被不断变化的世界淘汰。

人，必须一直学习。

也许有些人会有一毕业就不想再学习的想法，但那是不现实的。遇到自己不懂的东西，就算是大人，应该也会询问："那是什么？"或者自行找答案。学习也与此如出一辙。

在小学阶段，养成自主学习的习惯非常重要。这将会成为左右孩子一生的巨大力量。

让孩子发挥自己内在的学习主动性，他就会表现出主动性和积极性，他会自己学会管理自己的。

16 提供多种选择，让孩子自主决定

当我问妈妈们"为什么要让孩子学这个？将来还会继续学下去吗？"的时候，很多妈妈都会这样回答我："我没想那么多。"

很多人在成年后也没有什么兴趣爱好，所以我认为让孩子在小的时候多些体验会比较好。

如果孩子能愉快地进行各种体验，一旁观看的父母应该也会很高兴的。不过很多时候，父母有这样那样的愿望，孩子未必会如你所愿。

如果孩子长大后，还能坚持小时候的梦想，或者从事和小时候爱好相关的事业，都是很不错的选择。当然，也可以选择中途放弃，或者长大后再学习其他新的东西。

不过可惜的是，长大后才开始学总不如从小学起好。特别是运动方面的学习，就算大人和孩子一起开始学，也会被孩子瞬间赶超。小时候学习的东西会在孩子的身心留下很深的印迹。

试想在漫长的人生中，如果能有几项为之着迷的兴趣爱好，难道不是一件令人幸福的事？正因为如此，我才希望父母在考虑给孩子学什么的时候能思虑长远。

==所谓将来，并不仅限于靠此谋生，或成为这方面的专家。而是为了让孩子有各种体验，为了构建可持续终生的友情，为了让孩子记住努力的过程，为了让孩子体验成就感……理由应该有很多很多。==

对于孩子而言，能够专注地做自己喜欢的事也是一种幸福。追求自己喜欢的，也能拓宽自己的世界吧。看着孩子幸福的模样，父母也会幸福感满满的。

当然，孩子的经历毕竟有限。为了开阔视野让孩子多去体验是件好事，不过也不能让他想做什么就做什么。最终选择哪个还是得由孩子自己决定。

我们经常可以听到这样的抱怨："我自己想做这个，可妈妈却要我做那个。"

不要让孩子对自己唯命是从，做什么应该由孩子自己决定。尽可能多地给孩子提供选择的自由，能激发出他更强烈的动力。当孩子有了更多的空间来做出自己的决定时，他就可以在各种情况下感到得心应手。

让孩子自己去走自己选择的路。

我想这应该也是连接自信的小小一步。

引导
帮助孩子自主学习的 47 个方法

父母引导须知

1. 培养孩子的自主学习能力，帮助他们成为终身学习者，随时准备迎接生命中的每一个挑战。

2. 积极引导可以帮孩子培养出自己的兴趣爱好和解决问题的能力。

3. 表扬孩子的努力和想办法的过程，有助于他们理解通往成功有一个过程，努力是关键。

4. 只有妈妈读，孩子才会听。而且，妈妈读给孩子听，孩子会有兴趣，会有去学习的意愿。

5. 不要让孩子对自己唯命是从，做什么应该由孩子自己决定。

第二章

自信是孩子主动学习的推动力,如何培养孩子的自信心

第一章

自信是孩子
主动学习的推动力，
如何培养孩子
的自信心

17 自信，
让孩子和父母的人生更充实

若问从小就充满自信的孩子什么样，也许你的脑海中会浮现稍显狂妄的孩子形象。的确，其中不乏毛孩子的存在，但这些孩子中的大多数人成年后都会有一番成就。

人一旦有了自信，就会想去尝试做各种事，所以会不断挑战不断成功。而没有自信的孩子，就不会主动去做什么。

在学习方面，充满自信参加考试和一点没自信被迫应试的孩子，在考试结果上是截然不同的。学习时，觉得自

==己行的孩子和觉得自己不行的孩子，在知识的熟练程度上也是完全不同的。==

==另外，没有自信的孩子，即便遇到了自己不明白的问题，也羞于张口提问。所以，最终导致了"不行"的结果。==

要让别人来教自己或帮助自己，在某种程度上，必须自己先去接触别人。如果自己没有自信不去接触别人，也就无法让别人来教自己。

如果有自信，当自己遇到什么困难时，也能向周围人寻求帮助。在公司工作时，每天都会出现不明白的地方，这就显得相当重要了。

"我一直都是充满自信地活着的！"——应该不太有这样的人吧。但是如果连最低限度的自信也没有，就根本出不了家门。如果你觉得"自己所说的话谁都不会听"，那就无法和人交往。

第二章
自信是孩子主动学习的推动力,如何培养孩子的自信心

人一旦有了自信,就会有想去尝试做做看的意愿,还会萌生好奇心。如果没有自信,就不会有想去尝试做做看的心情,也不会有好奇心。若是如此,人生就不会快乐,看着不快乐的孩子,父母也不可能开心。

看着充满自信、好奇心旺盛的孩子,对父母而言是一种刺激,父母的人生也会变得快乐。而且,如果孩子充满自信,什么都能主动去做,父母也会感到很轻松。

<u>**我一直都在思考:"怎么才能让孩子变得开心?"**</u>怎么做,孩子才会笑;怎么做,孩子的人生才更快乐?这是我养育孩子的真正目的所在。

其中,"如果能轻松地提高能力,会很开心吧"的想法,是我思考养孩子和学习方法的起点。

如何高能效、高效率,怎样才能比别人学得更轻松?因为我希望孩子能享受每一天,而我自己也能享受养孩子的乐趣。<u>**我希望孩子总是笑,过上充实的人生。我自己**</u>

也想过这样的人生。

我虽然很努力地养孩子，但也不希望孩子自立成人后，家里变得空荡荡时，才想起来思考自己的人生到底是什么。我希望能从自立后的孩子们那里得到鼓舞，和孩子们一起构建一种享受和充实自己人生的关系。

如果所有的父母孩子都能融洽相处，那世界就会变得一片祥和。

18 学习不主动，其实是自信出了问题

什么是"自信"？

我觉得自信应该就是敢于挑战的勇气。不是用"因为不可能""反正不行"否定自己，而是以一种"想办法试试，总会有办法"的积极态度，展现果断努力一试的姿态。

对自己没有信心的孩子，做什么都会马上放弃，对于学习也是动不动就说"不知道"，然后缴械投降。

这会让自己的可能性越来越小。所以，在教孩子学习的时候，必须先从消除孩子的这种想法开始。等孩子

引导
帮助孩子自主学习的 47 个方法

长大了再消除,就非常困难了。

但是,对孩子而言,如果做任何事都能坚持到底,就会变得非常自信。一件事情干成了,孩子的整体水平就会提升,又会萌生更想做的想法。

尽管如此,但自己说"不行",不采取行动,并不是这个孩子的能力问题,而是心理问题,所以非常可惜。

在妈妈当中,还有马上把责任归咎到 DNA 或遗传上,承认自己的孩子不会也是没办法的人。但是,你真的已经把孩子的能力提升到 100% 了吗?

也许有人觉得,提升到 80% 就可以了。但是,如果不断积累 80% 的努力,就会无限接近于零。

$0.8 \times 0.8 \times 0.8 \times 0.8 \times 0.8$……只要把 80% 乘上 5 次,就只剩下 0.3 了。

相反,如果努力能超过 100%,哪怕只有一丁点,也会使可能性无限增大。同样,把 1.1 乘上 5 次,结果就在 1.6 以上了。

学习也是同样的道理。如果不断积累 80% 的学习和理解,其实就是在不断地后退。这种状况持续几年,就会在结果上显现出巨大的差异,大家应该理解了吧。

孩子如果没有自信,就不会想去学习。但是,相反,如果努力学习,积少成多,就算不能保证每次成功,也应该可以慢慢积累起一个个小小的成功。这会形成孩子的自信。

孩子会瞬间成长起来。与其说这是"能力提升,开花结果了",不如说是之前积累的小成功和由此萌生的小自信转化成巨大成果的结果。这一刻,小自信也会转化成大自信的。

提升孩子的可能性,是父母的责任。请让你的孩子拥有无论做什么,都能勇于挑战、充满自信吧!

19 自信，从把背挺直开始

正如在第一章中介绍过孩子睡眠不足的问题一样，我感觉现在姿势不良的孩子越来越多了。

造成这种现象的原因之一，好像是因为学校不太进行这方面的教育所致。因为校园体罚等问题，使得老师们不能再严厉地管教孩子了。这也许与不再要求孩子们端正坐好有一定关系吧。

也就是说，如果照着平常标准，孩子们的姿势是越来越差了。所以妈妈们应该有意识地加以纠正。

不知是不是因为这个原因，有些孩子会说，学习时间一长就肩膀酸痛。他们目前还只是小学生，如果读了初中高中，肩膀酸疼的人数还会增加。

于是，我向一直对我多加关照的"体形矫正师"花冈正敬先生请教了不良姿态带来的影响（花冈先生不仅是里诺残障奥林匹克运动会日本代表队的训练师，还是专业的柔道整骨师和理学疗法师）。

人在学习的时候，一直保持同个姿势，本就会对身体造成负担。弓背、支肘、盘腿等动作都会让身体养成不良的习惯，有时身体还会向握笔的那只手倾斜。

如果长时间持续不正确的姿势，会因为头部重量致使血液流行不畅，引发肩酸腰痛等疼痛现象。

据说除此以外，还会造成呼吸困难、内脏功能变差、打破自律神经系统平衡等情况，这样就会导致头疼、头晕、呕吐、不易入睡等各种症状。

当然，一直持续不正确的姿势，还会使体形走样。据说，其中不乏身体歪斜、骑自行车只靠左腿蹬踏的孩子。

这不仅只是身体上的问题，脊背笔直姿势良好的人自然给人自信满满的印象。相反，驼背、弓身的人怎么看也不像是有自信之人。

实际生活中，虽然也有不是这样的情况，但是对方会因他看到的姿势，对他做出相应的判断和采取相应的对待方式。姿势良好的人总会让人投来尊敬的目光，而姿势不佳的人多会受到别人的轻视。

因为从人的姿势可以判断这个人的自信程度。

只是把背挺直，就能自然而然地展现出你内在的自信，从而使你看起来也充满自信。

就像这样，姿势不仅对身体产生影响，而且对心理的影响也是很大的。

而且，我不仅希望孩子能注意，还希望妈妈们也能注意。因为姿势也关乎着自信。

花冈先生还教了我一套可以在学习和工作间隙做的、为了纠正体形歪斜的伸展运动。请妈妈们务必与孩子一起做做看。

引导
帮助孩子自主学习的 47 个方法

适合学习间隙做的伸展运动

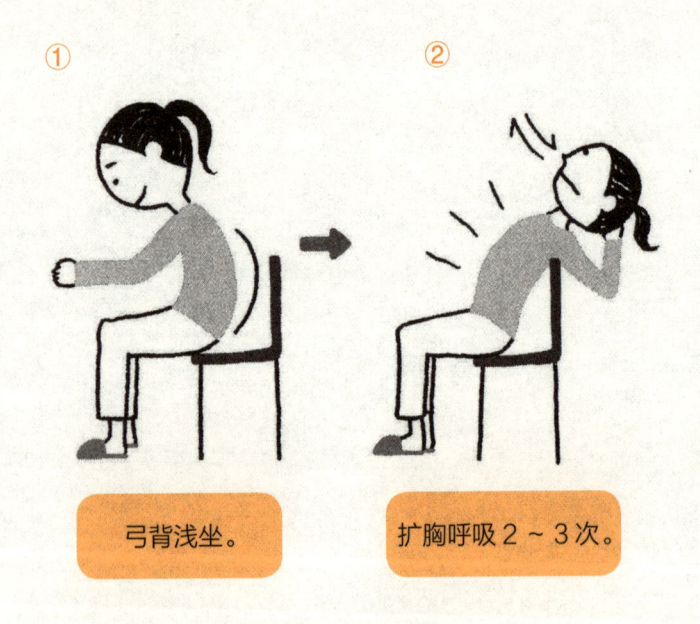

改善猫背的伸展运动

① 弓背浅坐。

② 扩胸呼吸 2~3 次。

第二章
自信是孩子主动学习的推动力，如何培养孩子的自信心

改善猫背的伸展运动

双手交叉置于身后扩展胸部。

改善左右歪斜的伸展运动

单侧手臂上伸，伸展侧腹，朝身体的另一侧弯压。（习惯右手写字的人，右侧腹容易萎缩，所以要多伸展右臂）

引导
帮助孩子自主学习的 47 个方法

用于保持身体姿势的深层肌肉训练法

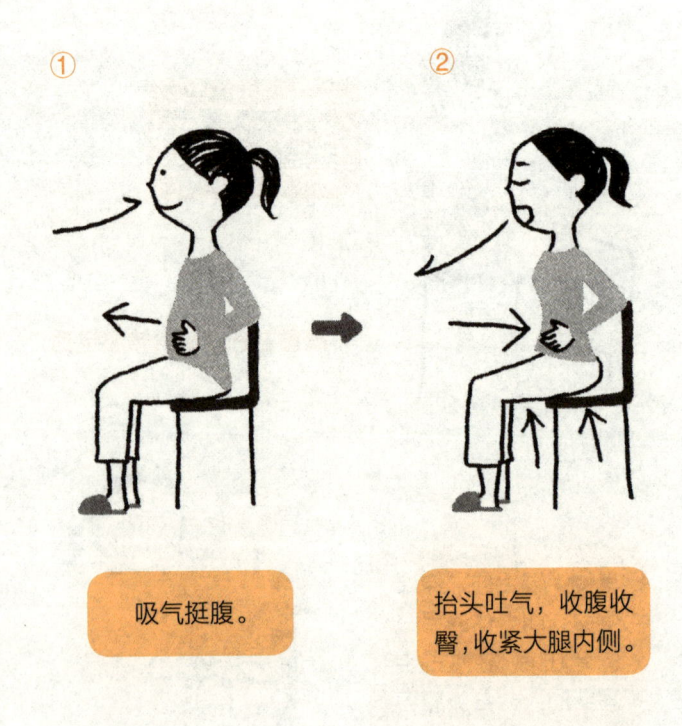

① ②

吸气挺腹。

抬头吐气,收腹收臀,收紧大腿内侧。

20 倾听孩子,他会变得自信

要让孩子充满自信,最关键就是要让他拥有"自我肯定感"。要让孩子感受到"自己是有价值的""自己是被人需要的""自己是被爱着的"。

这种情感,最初的时候,必须由父母给予。**父母要好好表达自己对孩子的爱。**

父母向孩子表达爱的方式有很多,亲密接触就是其中之一,不过等孩子长大到一定年龄后,爱的方式就转变成**"倾听孩子说话"**了。

引导
帮助孩子自主学习的 47 个方法

倾听孩子说话，既需要妈妈一直注视着孩子，也是妈妈被动接受孩子心声的机会。很多妈妈并不倾听孩子说话，以至于让人感觉目前孩子最缺少的就是被倾听。

基本上孩子都是想说给妈妈听的。尽管如此，如果妈妈不倾听孩子说话，孩子就会觉得"自己没有价值"。

举个例子来说，当你很想找人说话的时候，打电话给很多人，可大家都说自己现在很忙，你一定会很受打击吧？

那你是否也对孩子说过"我很忙"这样的话呢？

妈妈们的确很忙，所以也许无法好好地倾听孩子说话。但是，就算你忙得不可开交，也请真诚地看着孩子的眼睛说："因为现在妈妈很忙哦。"

然后，跟孩子约定"待会儿再听"或者"周末再听"吧（当然，如果无法遵守约定，那就没意义了）。

就算是孩子，一旦前方的门被关上，就不会想继续往前走了。然后,他会渐渐地不再说话。好不容易说一次,如果只换来妈妈的责备,那就会变得更加不爱说话了。

也许有人觉得"小孩子是不会受伤的吧",恰恰相反。孩子并不懂得"成人的世界",所以会把一切怪到自己的身上,认为是自己的错。

他会觉得"妈妈,对我讲的事情不感兴趣""妈妈,不喜欢听我说话"。

当然,孩子也有不想说话的时候。但是,**当孩子想说话的时候,妈妈始终摆出一副愿意倾听、愿意理解的姿态非常重要。**

这样,孩子就会实实在在地感受到妈妈对他的爱,才会变得自信。

爱的真谛,并不是强加于人。强加于人,只会让人逃离。请妈妈们摆出"我一直会在这里"的姿态等着孩子吧!

21 学会放手，培养孩子的思考力、生存力

如果孩子一直被父母要求做这做那，他只会按吩咐做事。一旦遇到需要应用能力的事情，马上就会不知所措。为什么呢？因为孩子没有学会"自己思考"。

很多妈妈不是对别人说好的东西照搬照抄，就是让孩子模仿别人成功的做法，自己却不会进行深入思考。

但是，<u>现在的孩子都是在千变万化的时代中出生，日后也会在日新月异的社会中生活</u>。可能昨天还被认为是"最好"的东西，到了明天就变成"最差"的了。

第二章

自信是孩子主动学习的推动力，如何培养孩子的自信心

生活在这样一个时代中的孩子，不能自己不假思索，只做别人吩咐他做的事，而必须具备相应的判断能力，知道现在什么是最好的，什么最适合自己，等等。

如果在这瞬息万变的时代里，不具备自己思考和自己选择的能力，就不知道怎么做才好。所谓自己思考的能力，是指在这个时代中生活下去必不可少的人生基本能力。

而且，在今后人工智能（AI）发达的社会里，如果没有独立思考的能力，就不会有新思路，也找不到可以让自己大显身手的舞台。

萌生新思路，还是需要自信的。因为没有自信，就不会去挑战新事物，也不能进行各种各样的尝试。

这也是"不惧怕失败"的一种表现。人们常说，失败也是一种学习。就算失败了，也是一种宝贵的经历。因为它能够让你知道自己不适合什么，从而找到什么才

适合自己。

如果不去尝试，就不知道自己是否做得到，也不知道自己是否合适。

所以，"我试过却没成功"，其实并不是失败。因为中途放弃而导致的失败，只要继续挑战便好。不论你尝试做过什么，都有相应的意义。这么想来，世上就没有失败了。

将孩子培养成为不畏惧失败，不断挑战新事物，能够用自己头脑思考的人，就是在培养孩子的"生存能力"。这也是在培养孩子独立生存下去的能力，即便以后自己不在这个世上了。

如果父母包办孩子的一切，决定孩子的一切，那么当父母离开人世时，孩子就无法独立生存下去。但是，大多数情况下，都是父母先离世，所以父母应该培养孩子独立生存下去的能力。

而且，一个能独立生活下去的人，必须拥有自信。如果没有自信，当自己遭遇困境时向他人寻求帮助，或踏入不为人知的外部世界，就成了非常困难的事。

为人父母，就算一无所有，也应该要让孩子有能力生存下去。所以父母在养孩子的时候，做到放手、放下、放心，才能锻炼孩子自己思考、自己做主的能力。

22 引导孩子自主选择

给的选项越多,就越无从选择。这点已经在实验中得到了证实,据说只陈列 6 种果酱,要比同时陈列 24 种果酱的销售额高出 10 倍之多。

大人尚且如此,选择基准不多的孩子就更加如此了。而且,孩子只能考虑"现在"的事情,所以要孩子为了将来做出选择,难度相当高。

因此,<u>父母必须集中选项,让孩子在一个范围内选择或者给孩子提供另外的选项</u>。也就是要给孩子从何处思考的启示。

此时，如果父母希望孩子做出某种选择，我不认为告诉孩子有什么不好。直接告诉孩子也是一种方法，但引导孩子自然而然地产生兴趣最好。

但是，怎么表达非常重要。"对你来说这比较好"的说法绝对不行，这样就成了父母在控制孩子了。

"都是为了你好""是为了你的将来着想"的说法也不好。其结果，只是用一些冠冕堂皇的理由来掩盖向孩子下达指令（控制）的事实而已。

而且，你不觉得"都是为了你好"的说法，有向孩子施恩并要求孩子感恩的感觉吗？

不要这样，你只要告诉孩子"妈妈喜欢这样"便好。比如：妈妈很喜欢钢琴，或者妈妈觉得这本教材很好，等等。

孩子应该会对妈妈喜欢的事物表现出兴趣。这里包含着孩子想让妈妈高兴的成分,但也会让孩子产生纯粹的好奇心。这种好奇心会对培养孩子的积极性、提升孩子的能力起到一定的作用。

当然,有的时候,就算妈妈这么说,也无法让孩子产生兴趣;有时孩子会说:"虽然我已经尝试过了,但我还是想放弃。"如果只是孩子的一时冲动或者偷懒自然是不行的,但如果是孩子的真实想法,那就好好地接纳它吧。

孩子能够找到自己喜欢什么、自己擅长什么非常重要。因为那是用自己的头脑进行思考和选择的第一步。即使孩子没能在短时间内找到答案,但如果能引发孩子思考也算是成果。

还有一句父母不能说的话,就是"如果你这样做,我就喜欢你"。这相当于在母爱上附加了条件,孩子通常都能敏锐地察觉到其中微妙的差异。

母爱应该是无条件的,给孩子提供空间和时间,让他做自己喜欢做的事。就算孩子没有选择你所期望的选项,只要你尊重并接纳孩子的选择,孩子就能充分感受到你的爱。

23 在日常交流中引导孩子思考

提升孩子能力的机会每天都有。每天的对话、日常的闲聊都会成为拓宽孩子视野的良机。

重要的是让孩子进行遐想。要让孩子对各种各样的事物进行遐想。如果只有一种事物,只能提供一个可供选择的方案,并不利于孩子用自己的头脑去思考问题。

比如,一家人一起看电影的时候,谈到"电影的叠印字幕是怎么做出来的呀",孩子就会知道原来还有这样的工作。也许孩子可以从此对学英语或学翻译产生兴趣。

第二章
自信是孩子主动学习的推动力，如何培养孩子的自信心

在家里看刑事题材连续剧的时候，说一句"警察好厉害"，孩子也许就会对警察工作产生各种遐想。也许还会想象自己变成演员饰演警察呢。

并不是直接告诉孩子自己的愿望，比如妈妈希望你对英语感兴趣或者希望你成为警察，而只要引发孩子用自己的头脑去思考就好了。

在我家，亲子间的对话经常会拿新闻作为话题，这并不是什么难事。我只是自己这样嘟囔而已，比如"还有这样做的人啊""会是怎样一种心情啊""为什么会做这样的事情呢"。

即便只是这样，也会促使孩子们进行思考，展开话题。

在这样的日常生活中，让孩子们进行各式各样的遐想，并将这些内容作为话题来探讨，我才能从中知道孩子们喜欢的事和物，了解孩子将来的梦想等具体内容。

引导
帮助孩子自主学习的 47 个方法

　　每天的对话，都在造就孩子的未来。所以，只要是孩子感兴趣、能促进亲子交流的话题，什么都可以。

　　话虽如此，也没有强行诱导对话的必要，只要在日常对话中很自然地给孩子提供拓宽思路的机会即可。

　　即便孩子对妈妈所说的话及小声嘟囔都没有回应，也许孩子正在脑子里思考呢。

　　基本上，孩子都会对自己不知道的事情充满兴趣。所以，你只要让孩子知道有那样的事，那样的东西，创造给他看的机会即可。孩子会去用自己的头脑思考，做出自己的选择。

　　如果你平时和孩子聊各种话题，非常了解孩子的话，就算孩子的选择与你的希望相悖，你也应该能够很坦率地接受。因为你能够理解孩子为什么做出那样的选择。

　　父母之所以会为孩子没有选择自己期待的道路而叹息，可能就是因为你和孩子的对话太少的缘故吧。

24 你是在引导孩子，还是在控制孩子

为了孩子的将来，我该为孩子做些什么呢？为了提升孩子的能力，我该怎么做呢？——我非常能够理解妈妈们的迷惘和烦恼。

我也能够理解，就算妈妈们有把孩子培养成这样的人、希望孩子将来能变成这样的想法，也不知道自己该怎么做，没有自信。的确，就算做了与自己想法相反或错误的事情，也不会被任何人指责。

养孩子没有"正确答案"，所以大家都只能摸着石头

过河，边干边摸索。

但是，有一件事父母是绝对不能做的，那就是"控制"孩子。

我的确说过，要帮孩子找到最合适的学习方法和兴趣班，但是，这种方法或这个兴趣班是否适合孩子，并不是你随便可以决定的。更何况，你还不能把它强加于孩子。

有个女孩子，因为妈妈总是说"我觉得你一定会喜欢的"，就顺从妈妈的意思。小到学什么，大到进什么高中，全由妈妈一手包办。

但结果，那个女孩子怎么也无法适应妈妈给她选的高中（女子高中），原本应该非常优秀的孩子只能考10分、20分。年级恳谈会的时候，学校老师问她："选我们学校是你自己的想法吗？""不是你妈妈的想法吗？""你自己是怎么想的？"孩子这才第一次意识到原来妈妈的想法和自己的想法不同。

你难道想把自己的孩子培养成一个不知道自己想干什么、喜欢什么、想去哪里读书、什么都不会自己思考的人吗？应该不会那样吧。

要让孩子拥有"思考的能力"，父母就不能"控制"孩子。

我非常理解父母为孩子着想的心情。但是，如果父母决定孩子的一切，孩子全照着父母的意思做，结果并不会对孩子的将来带来任何好处。

话虽如此，但完全任由孩子来决定也是不好的。为什么呢？因为孩子只会考虑"现在"。如果都让孩子自己选，他会选择自己现在想做的事、现在开心和轻松的事。而且，孩子拥有的信息量过少，也不谙世事。

考虑到孩子的将来，"引导"孩子非常重要。

虽然我希望能最大限度地提升孩子能力，让他们进最好的大学读书，但我从来不会把这个想法强加给孩子。

只是，当孩子说"我以后想做那个""我想变成这样"时，我会告诉他们"那么，英语不好是干不了的"的同时，支持他们去实现自己的梦想。

控制孩子和引导孩子，看似十分相似，实则截然不同。**最关键的地方，在于最后由不由孩子自己选择。**而且，不论孩子如何选择，父母都必须尊重他的选择。

绝对不要让孩子觉得自己受到了父母的控制，为了创造孩子的美好未来，让孩子做出最好的选择，父母必须好好地引导孩子。这是作为父母的职责所在。

25 养育不能走极端，要恰到好处

养孩子最难的地方就是"不能走极端"。我感觉没有意识到这点的妈妈实在太多了。

举个例子来说，我曾提过，妈妈应该多多收集信息，但其中也不乏认同这种观点，一门心思收集信息的妈妈，她们或一本接一本地研读与孩子学习方法相关的书籍，或一看到电视网络上在播放"成功人士学习法"时就不失时机地对照核查。

但是，这样辛苦收集而来的信息有没有好好利用起来呢？我想很多是没有利用起来的。结果就是不知道怎么做才好，姑且照单全收，让孩子全尝试一遍，最后把孩子的积极性破坏殆尽。

另一方面，还有明明想让孩子参加中考，却对信息量掌握不足的妈妈。到了年末，她们会匆匆跑到我这里商量事宜，却发出"我不知道有这么回事"的惊叹。但其实大部分的信息，都是可以在网上搜索获得的。

可能还有家长认为"必须找到最适合孩子的学习方法"，所以就把各种学习方法都拿来让孩子一一尝试（父母千万不要这样做）。

还有，一说到"要让孩子的生活有规律"，就会有妈妈提出"就是早睡早起吧"。的确，孩子小的时候做到早睡早起就可以了，不过到了初中就不是这么回事了。因为孩子的身体在成长、在变化。

尽管如此，就算孩子读了高中，也还是会有妈妈以

"生活要有规律"为由强迫孩子早睡早起。

无论哪种情况,总之就是有很多妈妈爱走极端。这也许是因为一直朝着一个方向走,就无须再考虑其他方向,会比较轻松的缘故吧!

但是,养孩子"恰到好处"十分重要。所以,我觉得养孩子真不容易。

也许正是因为你在为孩子着想,所以才会想要给孩子更好的东西,要求自己必须做得完美。可是,这样的做法并不会给孩子带来好处。

养孩子的目的并不是用"快做快做"去强迫孩子完成,而是想办法让孩子变得主动去努力。为此,父母的引导非常重要,父母要恰到好处地帮助孩子快乐学习,并不断提升孩子的能力。

养孩子光态度认真是不够的,也不是说些正确的道理就可以的,要恰到好处。虽然这项工作的难度很高,却非常重要。

引导

帮助孩子自主学习的 47 个方法

父母引导须知

1. 自信的人会按照自己的长远目标在短期内坚持做自己该做的事，即使暂时有些不适应也在所不惜。

2. 当孩子遇到挫折、拒绝、逆境和批评，父母可以帮助孩子检验自己的进步，重新获得动力，让自信最终成为一种习惯。

3. 父母的引导非常重要，父母要恰到好处地帮助孩子快乐学习，并不断提升孩子的能力。

4. 当孩子想说话的时候，妈妈始终摆出一副愿意倾听、愿意理解的姿态非常重要。

5. 将孩子培养成为不畏惧失败，不断挑战新事物，能够用自己头脑思考的人，就是在培养孩子的"生存能力"。

第三章

父母有教养格局，才能引导孩子的未来

26 教养有格局，才能培养优于父母的孩子

为了让孩子能够超越你，你必须让孩子掌握自我思考、自我选择、自我决断和付诸实施的能力。因为如果孩子做什么都按照你的想法，那结果只能让孩子停留在一个地方无法前进。

换句话说，**必须让孩子拥有"优于父母的思考能力"。**

所以，不去"控制"孩子非常重要。而且，你自己必须去学习，改变自己。如果你希望自己的孩子能超越你，你也必须具备"思考的能力"。

引导
帮助孩子自主学习的 47 个方法

因为别人是这样说的，书上是这么写的，所以我要让孩子这样做——怀有这种想法的妈妈真的很多。可遗憾的是，养育孩子没有正确答案，所以父母们只能自己去思考适合孩子的方法。

若说为什么需要"妈妈的思考能力"，那是为了看得更远。

所谓培养孩子，就是在塑造一个人。 因为现在的你正在打造一个地基，而这个地基关系到孩子今后几十年的生活。

所以，我希望你能多思考一下对孩子的措辞。诚然，孩子惹你生气的时候很多吧。但是，你任凭自己的情绪对着孩子发火，会给孩子的未来造成什么影响呢？

不光是生气发火的时候，其实在很多情况下，妈妈们是不会思考"如果我现在这么说了，将来会是什么结果"才说话的，因为她们看到的只是眼前。

但是，父母能不能看得长远非常重要。**养育孩子并不是马上就能得到结果的，所以要时刻考虑将来。**如果你能看清自己的老年生活，就真的只能耐心而为。

小时候父母说孩子的话，会一直留在孩子的心中。所以，父母必须在好好思考将来的基础上选择措辞。

也许有人认为养孩子这件事会永远持续下去，但其实辛苦的时间一晃即逝。即便孩子现在只有 10 岁，那再过 8 年就高中毕业了。之后，可能会为了读大学而离开家庭。

如果是这样，那你应该可以稍稍想象一下，你现在的一句话，今天的一件小事，会给孩子的将来带去什么影响呢？

当然，结果可能会与想象的不同，确实谁也不知道将来会发生什么。

但是，只要父母能养成稍微考虑一下孩子未来的习惯，就应该可以避免对孩子造成不好的影响，或减少出现预想外的问题。这不失为一种接近幸福的好方法，无论对于孩子而言还是对于你而言。

有大格局的父母，看重自己对孩子的言传身教，看到的是孩子的未来。他们努力做个好大人，引导孩子向正确的方向前进，让孩子成为他自己。

27 别让"别人家的孩子"成为摧毁孩子的武器

我曾在自己的处女作《让孩子在 12 岁之前养成"学习习惯"的妈妈习惯》中写道:"快去学习"是最能摧毁孩子积极性的语言。

出书以后,我让平时上我课的孩子们做了一项问卷调查,调查的内容是"你最讨厌父母说的一句话是什么?"我原本以为填"快去学习"的人会遥遥领先,可结果却大大出乎我的意料。

大家觉得比"快去学习",孩子们更讨厌被父母说的一句话是什么吗？其实连我自己也完全没有想到。

那就是"被拿去和别人比较"。

"哥哥做得那么棒""隔壁的某某这么努力地学习""某某某都这么努力"……"但是，为什么你不会呢？你得再努力一点""别的孩子都行，你应该也行"。

其实，孩子们最讨厌被大人拿来和别人比较。在这点上，孩子们的意见出奇的一致。不论男女，不论年级，所有的孩子都回答了"讨厌被拿去和别人比较"。

对这个结果感到吃惊的，不是其他人，正是我自己。因为在我的脑海中，从来就没有拿自己孩子去与别人孩子比较的想法，所以我很诧异："世上的妈妈竟然都这么热衷拿自己孩子和别人去比较！？"

于是，我想起了一个五年级的男孩子。不知为什么，他总是发表一些鄙视其他孩子的言论。不过，他的妈妈并不是那种喜欢说人坏话的类型。

妈妈的性格很好，可为什么这个孩子总说别人坏话呢？我在与妈妈探讨和交流的过程中，发现妈妈总拿自己孩子和其他孩子比较。

妈妈让儿子去参加体育运动的时候，总会提到"某某做得那么好"。所以，孩子为了让妈妈明白"那家伙比我更不会"，可能就会说其他孩子的坏话。

当妈妈注意到这个问题的时候，小声叹息说："孩子的性格是我一手造成的。"

妈妈经常作比较，孩子就总是会拿自己和朋友作比较，发表一些诸如"那个小子比我行，这个小子比我差"的言论。也许就是因为这个原因，孩子才养成了净说别人坏话的不良习惯。

当然，也有通过与人竞争获得提升的孩子。最近的兴趣班，每周都会公布成绩，成绩的排名有时会发生变化，这就说明其实还有因为竞争而产生学习动力的孩子。

但是，被父母比较又是另外一回事。父母拿孩子跟人比较的做法，是摧毁孩子动力的最强武器。

而且，你也没有必要拿自己去和别人比。你就是你，不用和别人比来比去，活出像样的自己就好。

好的教育注重孩子个性和天性的发展。尊重孩子，孩子会更快乐，能更好地成长，活出属于自己的价值和精彩。

28 远离对孩子有负面影响的教养方式

若说为什么我从不拿自己的孩子和别人的孩子作比较,那应该归功于我的妈妈从来没这样做过。

其实,我的妈妈虽然采取了斯巴达式的严格教育,却从不拿我和别人作比较。所以,我自己也从来没有作比较的想法,这点我至今都感谢妈妈。

也许,拿自己孩子作比较的妈妈就是这样被比较大的。**养育孩子并不是从哪里习得的,谁都是从零开始的。所以,就会很自然地模仿自己父母的做法。**

引导
帮助孩子自主学习的 47 个方法

如果你总是被人拿来比较,你会很讨厌吧? 我肯定会像我的学生那样,立刻回答: 我讨厌被人拿来作比较!

若是这样,就不要对自己的孩子这样做了吧。你应该最能理解孩子的那种厌恶心情。

也许被严厉的父母或什么都不为孩子做的父母养大的孩子,是不知道如何构筑良好亲子关系的。但是,只要有"让孩子幸福"的强烈愿望,就没有做不到的事。

我自己也完全不知道该怎么养孩子。所以,我又看书又咨询,还学习各种育儿方法。可即便如此,我还是不知道该怎么做才好,遇到蒙台梭利教育之前,我经常对孩子发火。

即便你不能从自己的父母那里获得良好的育儿经验,也可以不让自己的孩子继续受负面影响。只要从你这里一刀切断即可。这不仅是为了你的孩子,也是为了你能有一个幸福的晚年。

第三章
父母有教养格局，才能引导孩子的未来

如果你做了自己父母同样的事，你的孩子就会被培养成和你一样的人。

你对孩子是否有这样的期许呢？希望孩子比你更强，希望孩子能够做到你做不到的事，希望孩子能够抓住巨大的幸福……

请效仿自己父母做得好的地方，立刻停止父母引起你反感、因反感而让你讨厌学习的不良做法吧。

你的孩子一定具备某些优秀的能力。请妈妈们用宽阔的视野和温暖博大的母爱去培养孩子，提升孩子的能力吧！

29 拒绝唠叨，营造一个畅所欲言的亲子环境

我养孩子，一直侧重如何提升孩子的能力，如何让孩子轻松愉快地学习。幸亏如此，两个孩子都能够主动地努力学习，各自考进了向往的大学，进入了心仪的公司工作。

但是，比起这些结果，我更强烈感受到的是孩子们的温柔和体贴。

无论孩子多么聪明，多么会学习，应该都没人希望养出对父母冷漠的孩子吧。从小被父母要求快去学习，

快去做这个,不要做那个的孩子,上了年纪后,会把父母之前说的话原原本本地还给父母。也有可能会渐行渐远,尽可能地不再亲近父母。

每当看着那些对孩子唠唠叨叨的父母,我都会想,他们应该是没有想过自己上了年纪后的境况吧。父母与孩子的缘分永远无法割断。就算现在父母再强势,终有一天也会像"老来从子"所说的那样,顺从子女的意思。

为了能更好地维系这样一种关系,就要从现在开始准备。要建立好就算生活发生逆转,也能互帮互助的亲子关系。构筑这种关系的要素之一,**就是营造一个让孩子畅所欲言的环境。**

自己做不到的事,也可以试着拜托孩子。也许可以故意装作头脑迟钝,让孩子看到自己健忘和失败的一面。令人遗憾的是,人一旦老了,做不了的事情也会增加。这种时候,孩子就会好好地帮你干了。

也许听着感觉像在开玩笑，但为了不把孩子逼入绝境，这种作战策略出人意外地管用。

父母过于精明能干、办事牢靠，孩子就会所有事推给父母。父母如果一直都觉得自己的孩子还小，什么都包办代替，那么孩子一出社会，就是一个什么也不会的大人。

教会孩子自己的事情自己负责，难道不也是父母的职责吗?

终有一天，孩子和父母的立场会发生改变，父母需要孩子来教自己。即便不可能突然转变，只要一点点地来，妈妈和孩子之间就应该能够很自然地完成新关系的转换。

30 如果不希望孩子和某些人交往

倘若你无论如何都不希望孩子与某些人交往,只要和孩子好好明说即可。

如果只是告诉孩子"和大家友好相处",孩子在未来反倒无法在社会继续生存。 如果妈妈一边教育孩子要与大家友好相处,一边自己却在说别人的坏话,一旦孩子意识到了父母的这种心口不一,就不会再信任父母。

因为当孩子看到父母"丑恶的一面"时,会变得很痛苦。

如果父母并不是基于世间的一般常识或者出于客套，确实是在优先考虑孩子的基础上强烈不希望孩子和某人交往时，那么与孩子说明白非常重要。

说起来，这就类似于一个家庭的"家训"，可以告诉孩子：这是全家人都应该遵守的准则。

最糟糕的情况就是，父母所说的话会不断改变，一边在跟孩子说"不能这样不能那样"，一边父母自己却不遵守。

而且，在与孩子谈这类事情时，不要说"是为了你好"，而要向孩子说明为什么自己不希望孩子与某人交往的原因。类似"不知为何，总觉得""无论如何也"这样太过随意的说法，是无法让孩子信服的。

父母如果希望孩子遵守，就必须有坚定的信念。如果你有信念，就好好地告诉孩子吧。

只是，设定类似"要与这种人交朋友"的限制并不好，所以我觉得最好的方法不是用嘴巴说，而是用实际行动去表现。因为孩子交友如果获得了妈妈的认可，也更有利于促进他们之间的友谊。

这个问题非常敏感，所以可能找不到合适的人商量，会很苦恼。不过，只要父母把自己的想法好好地告诉孩子，孩子就会去思考。单方面强迫孩子的说法并不可取，但告诉孩子你的想法非常重要。

只是，孩子如果偏小，就有可能把这些话原原本本地透露给朋友，而且有时父母也无法向孩子明言为什么自己不希望孩子与某人交往的原因。在这种情况下，我觉得父母可以找一些不得罪人（但是，一定不能撒谎）的理由。

比如，离家太远，接送不方便，所以不能去玩。像这样，就可以把对方的原因巧妙转换成自己的原因。

这里并不涉及家庭教育方针正确与否的问题。只要孩子拥有独立的思考能力，成年后自己也能做出判断。与之相较，为人父母的信念坚定与否更是个问题。

31 和优秀的人交往，给孩子正向的人际关系示范

妈妈的交友情况会对孩子产生很大的影响。所以，我希望妈妈们能在考虑这点的基础上，在自己的交友方面有所改变。像那些拖后腿或给人添麻烦的朋友，没有必要专门去交往。

也许你觉得那是为了孩子，但如果妈妈心术不正，孩子心术不正的可能性也很高。而且如果你受人欺负的话，孩子也同样可能受人欺负。

孩子总是看着父母。所以妈妈说的坏话，孩子也都听着。然后，他会觉得对方妈妈的孩子也是可以欺负的。

"因为妈妈就是这么说的"。

说是"为了孩子好",结果对孩子完全没有好处。到了这种地步,还有和这种人交往的必要吗?

请妈妈摒弃这类人,和值得尊敬的人交往吧,和你心目中的偶像妈妈、心目中的优秀女性和心目中的优秀家庭交往吧。

说起这事,就会有妈妈说:"我都在考虑孩子的事,从没考虑过自己。"但是,妈妈首先应该考虑自己。为什么呢?因为这关系到孩子的幸福。

妈妈的交友情况,无论好坏都会给孩子造成影响。我觉得很多妈妈都是以孩子为中心构建人际关系的,但就算是相反的情况也未尝不可。

特别是不工作的妈妈,视野容易变得狭窄。她的视线只局限于和其他妈妈之间的那个范围。所以,要比较的时候,也只会比较这其中的内容,或喜或悲,或扯后腿。

但是，孩子一生都会在这个学区吗？如果考虑到升学、就业和离家在外等情况，那么只是把附近的孩子视为竞争对手就没有意义了。如果想在世界展翅高飞，那就必须把全世界纳入视野。

尽管如此，和亲戚孩子、附近孩子，甚至同班的某某比较也是毫无意义的。就算现在在那个范围内竞争，也不可能一辈子和这些孩子竞争。就算在那样狭小的范围内比较，也无法真正提升孩子的能力。

我曾经与以参加奥运会为目标的人谈过附近运动俱乐部里妈妈之间的一些纠纷。那人听后非常惊讶，一副全然搞不懂状况的神情。

以世界为目标的人，眼中看到的世界是不一样的。就算你孩子的目标不是全世界，难道你不希望自己的孩子能在比现在更广阔的舞台上竞争吗？

希望你的人际关系没有拖孩子的后腿。

32 做了妈妈，也要有自己的爱好

拥有自信的关键，在于"寻找自己喜欢做的事"，请妈妈们务必一试。

兴趣也好，收藏也好，只要是自己喜欢做的，什么都可以。如果能够找到许多自己喜欢做的事情，就能保持每天的心情愉悦。

心有所好，就会萌生"想要""想做""更想要""更想做"的心情，就会朝着那个方向拼命努力。为了实现自己的目标，人会变得积极向上。

第三章
父母有教养格局，才能引导孩子的未来

没有人会说自己很自信（如果有人这么说，反而会给人留下不好的印象，所以大家一定不想成为那种人吧）。

但是，**心有所好并为之努力奋斗的人，会对这样的自己充满自信。**

另外，通过这些兴趣爱好，不仅可以邂逅新的人和事物，还能和之前自己没有接触过的世界产生关联。和喜欢的事、和志同道合的人产生关联，人生应该会变得更开心。

而且，如果有人在这种场合夸奖你："你真厉害哪！"也会大大增加你的自信。但是，我觉得其实没有必要真的很厉害。

若是和你拥有同样喜好的人，知道的比你多一点，或者比你多收集一样收藏品，仅是这样是否就会让你想夸一句"好厉害"呢。你应该也有被人夸赞"好厉害"的时候的。

引导
帮助孩子自主学习的 47 个方法

无论什么都好。但是为了让对方明白这一点,我们必须拥有相同的兴趣爱好,而且我觉得与其被不认识的人夸赞,还是被十分理解自己的人夸赞来得更高兴吧。

让自己拥有自信,和收入、工作、体形、容貌,或者丈夫、孩子都没有关系。人只要因为一点小事被人称赞"厉害",就会变得很自信。

这些小小的自信积累到一定程度,就会变成大大的自信。

妈妈总是忙于抚养孩子,所以也许很多人甚至都没有察觉到自己喜欢什么。生活一旦忙碌起来,就会不记得很多事情。所以,重新思考非常重要。我觉得妈妈可以一条条地写下来。

当你意识到自己的喜好并为之奋斗努力的时候,就会变得开心快乐,笑容满溢。因为人生变得快乐了。

不仅人生变得快乐，还会让人充满自信。

而且，妈妈热衷做某事，有时也会让孩子对此产生兴趣。这样，妈妈和孩子之间会有很多话题可以聊。亲子间的关系融洽，养育孩子也会变得很快乐，而且你们也能成为一对既开朗又自信的母子（女）。

33 养育孩子，也不忘思考自己的人生

一说到"去寻找自己喜欢的事"，也许就有妈妈会想"养孩子就是我的兴趣""我特别喜欢孩子"。

但是，是否要在养孩子上拼命，这点有待商榷。

当然，我也曾在养孩子方面非常拼命，做了很多。但是，只是那样是不行的。如果只是那样，就会看不清未来，甚至缺乏冷静的判断。

我曾经对西式缝纫很感兴趣。就算在养孩子的时候，我也会见缝插针地埋头于缝纫机中，虽然心里犯着嘀咕：

第三章

父母有教养格局，才能引导孩子的未来

"为什么要在这么忙的时候做缝纫呢？"

养孩子这工作不仅需要全天 24 小时营业，还全年无休，所以有时不知不觉地就会对孩子产生依赖，变得只会考虑孩子的事。

这样的人即便孩子上了大学离开了家，也只会谈孩子的话题。除了养孩子以外，他们没有其他的兴趣爱好，他们中甚至还有人坦言，自己不知道为了什么而活。

一旦父母过度介入孩子的人生，就会产生这样的依赖性。但是，孩子总有一天是要独立的。

如果父母只关注孩子，就会变得非常痛苦。**因为有些父母会要求孩子不要弃自己不顾。**

这对于孩子而言，也是一种负担。

妈妈的角色是给予孩子支持。所以，必须为孩子的独立自主而开心，而且必须为了不用再为孩子做些什么而感到

引导
帮助孩子自主学习的 47 个方法

喜悦。

我觉得,父母对待孩子,就应该让孩子去活出自己的人生,这种说法看似有些冷酷。

过分的依赖会让孩子陷入不幸。因为如果妈妈什么事都大包大揽,孩子就会对父母产生依赖。但是在大多数情况下,父母都会先于孩子离世。如果孩子无法达到精神上和经济上的独立,人生就会很不幸。

让我们把情绪停留在"有孩子就是快乐的"上就好。

就算不是那种非常热衷教育的妈妈,孩子也与自己一起生活了很长的岁月。一旦孩子离开家园,妈妈多少会感到失落。

有些人总会很开心地把孩子考入名牌大学一事挂在嘴边。不过按照我的经验,就算孩子考入了东京大学,开心也只是一瞬间的事。之后的日子又会恢复正常。

现在开始制订孩子长大后自己的人生计划也会很开心吧。另外，就算是养孩子最繁忙的时候，也不要以此为借口，抽出时间做点什么，那么一旦有时间的时候就可以顺理成章地投入其中了。

多去外面看看，思考一下如何享受你的人生吧。

34 做一个自信的妈妈

有时候，会有妈妈问我："怎么做才能让自己拥有自信？"我会建议她们尝试从改变自己的姿势开始。

就像我在写孩子姿势时描述的那样，姿势不佳不仅会影响形象，还会影响心情。

姿势优美不仅让人看起来充满自信，还会直接影响到人的精神面貌，因为不佳的姿势会对呼吸和自律神经系统产生影响。

所以，**为了让妈妈们充满自信，首先从改变姿势开始吧。**

这种改变不仅简单，而且立竿见影。第一，走路时不要低着头。不要摆出凛然的形象，迈着小步匆匆而行，让我们抬起头，精神饱满地走路吧。

也许你会怀疑，真的这么做就行了吗？但出人意料的是，所谓自信就是从外表入手的。

而且，据说"大脑是很容易上当受骗的"。只要采取了行动，大脑就会相信那是真的。所以，采取一些充满自信的行为，大脑就会认为自己充满自信。

比起从内部进行改变，从外部改变要简单有效得多。请大家务必尝试一下。

此外，总是微笑也会给你带来自信。

这也是一种欺骗大脑的好办法，特别是感到无趣的时候，也要扬起嘴角做出微笑的样子。这样一来，**大脑就会认为自己很快乐，分泌出有幸福感觉的大脑物质**。其实，只要你在每次照镜子的时候莞尔一笑,照做几次后就会感觉心情愉悦了,真是不可思议。

请大家务必尝试一下。

妈妈的微笑也会给孩子带去正面影响。如果妈妈总是板着一张脸,孩子就会认为妈妈对自己不满意。所以,妈妈的笑容是培养孩子自信的法宝。

外形稍显不足的人,如果每天试着做点"好事",大家认为会怎么样?

虽说如此,倒也没有必要真的去参加什么志愿者活动。譬如,只是和附近的人打个招呼,心情也会变好。"我正在做好事"的这种想法也会增加自信。

我自己还在学习教育指导的时候,老师要求我每天做 3 件好事,我试着做了 1 个月后,精神状态就发生了很大的改变。

真的是好心有好报。

自信既看不见摸不着,也并不是一定要有什么具体依据的。如果可以从姿势、笑容或其他任何形式构筑自信的话,总比一直没有自信要好吧,大家觉得呢?

35 有主见的妈妈，
看见的世界更辽阔

据说，孩子到了小学阶段以后，最容易受朋友的影响。校园的霸凌情况越来越严重，也是从这个年龄开始的。

所以我认为孩子最好能结交一些校外的朋友。

饱受校园霸凌之苦的孩子，可能只是看到了学校内部的情况，视野比较局限。**如果能在学校之外设置一个"避难所"，就不至于发展到最糟糕的情况了吧。**

所以，不要光让孩子去学校和私塾，也可以让孩子去参加一些活动。

第三章
父母有教养格局，才能引导孩子的未来

另外，如果孩子不喜欢家附近的补习班或者学习项目，也可以让他去较远的地方，让孩子明白"世界很大，不是只有这里"的道理。这样，就算孩子在学校没有要好的朋友，如果有个自己很享受的世界，也会让孩子充满自信的。

大人也是一样。你也可以通过学习或者做自己感兴趣的事，**创造一个跳出"为人母为人妻"身份的空间。**

因为这样，人才能始终保持精神上的稳定，不至于有把自己逼到"我只有这里"的消极心态。拥有多个世界，对人来说非常重要。

妈妈与妈妈交朋友，会获得一些重要的信息，所以妈妈之间一点不交往也存在弊端。不过，有时交往过密，日后也有可能发生这样那样的问题。为了避免上述问题的发生，务必请妈妈们也为自己准备一个"避风港"吧。

不过，妈妈与妈妈交朋友，最好与真正意义上的朋友区别开来。谈些不涉及孩子们的事情，有时应该会比较好商量。

其实，我自己几乎没有这种类型的朋友，不过通过和其他朋友或熟人商量，消除了很多自己育儿上的烦恼。学校和培训机构等处的信息，只要自己平时注意收集，也都能很好地获取。

孩子最不喜欢自己被人比来比去，那妈妈应该也是一样的吧。**所以妈妈既不要拿自己的孩子去与别的孩子比，自己也不要与别人比。**如果真的要比，就自己和自己比吧。比如昨天的自己和今天的自己相比有什么改变，等等。

妈妈和妈妈之间交朋友，难免会在穿着或随身物品方面产生同化的想法："大家都这样穿这样戴，所以我也……"不过我是希望妈妈要有自己的主见和个性的，不管别人怎么说，我就是我。

第三章
父母有教养格局，才能引导孩子的未来

或许要做到这点，真的很不容易，不过我希望孩子和妈妈们要明白，人除了一个狭小的世界（妈妈与妈妈之间交朋友）之外，还有很多其他的世界。

引导

帮助孩子自主学习的 47 个方法

父母引导须知

1.教育是一个润物细无声的过程,想要孩子成为一个有教养的人,首先父母也应做到有修养。

2.拥有大格局的父母,创造各种可能,让孩子看到自己的能力,发现自己的价值。

3.不断提升自己的认知,对未来有更精准的把握,对孩子多一些了解,对成长多一些远见,才能抓住教育的本质。

4.拥有自信的关键,在于"寻找自己喜欢做的事",请妈妈们务必一试。

5.务必在说快去学习之前给孩子奉上母爱拳拳的饭菜吧。

第四章

教育始于家,打造让孩子有幸福感的家庭

36 男孩女孩大不同，教育需有差别

我自己生有一儿一女，所以非常明白孩子再小，也有男女差异。

一般来说，男孩子会比较偏神经质，更注重自尊。无论孩子多小，都是如此。相对而言，女孩子胆子大、不胆怯的更多。

人们也在脑科学的研究中发现，男孩女孩喜欢的东西是不一样的。与其说是性格不同导致的，不如说是大脑的结构本就不同。不过，说是这么说，只给男孩子塑

料积木，或者只给女孩子洋娃娃的做法并不可取。

男孩女孩的确存在差异，但不要以此为前提妄下断言。因为如果不尝试给男孩女孩同样的东西，是无法得知孩子们的真实反应的。

只是，男孩女孩的反应还是不一样的，这点请大家理解。并不是所有的男孩子都喜欢塑料积木，也并不是所有的女孩子都喜欢读书。

妈妈是女的，所以大致能够理解女孩子的想法。但是，妈妈无法理解男孩子的地方很多。如果自己没有兄弟，那可能会有碰上未知生物的感觉呢。

这种情况下，只要爸爸积极参加到育儿活动中来便好。

有个妈妈说，她因为自己讨厌昆虫，从来没给儿子看过关于昆虫的书。但是，那位妈妈有三个儿子，他们

第四章

教育始于家，打造让孩子有幸福感的家庭

都非常喜欢昆虫。如果给他们看昆虫方面的书，他们会变得非常专注。

像这位妈妈一样，给孩子的东西、采取的行动都局限于自己的想法中。所以，当你有儿子时，最好也听取一下爸爸的意见。

那么，女孩子和妈妈一样可以吗？那就会使孩子的世界变得十分狭小。

特别是当孩子与自己的性别相同时，更容易给孩子自己喜欢的东西。（爸爸→儿子、妈妈→女儿。）如果你给的东西孩子喜欢倒也没事，不过孩子的喜好未必都与你相同。如果孩子不感兴趣，那就试着给他些别的东西吧。

另外，还是要遵循不强迫的原则。玩具、图书之类的东西暂时先放在家中即可。然后，时不时地问孩子一句："你觉得这个怎么样？"（这也是蒙台梭利教育的实践方法。)

当孩子看到别人在做某事的时候,有的会很感兴趣,有的会想自己动手一试。如果希望孩子读书,妈妈就要认真读书或认真工作。如果希望孩子玩积木,妈妈也只要专注玩就可以了。

37 家有二孩，要用不同的关注方式

老二出生后，妈妈怎么都会在老二身上多耗些精力。一个是能够自己独立行走的孩子，另一个是刚刚出生、什么都不会的婴儿，把精力多花在老二身上也是无奈之举。

而且，这种状态会一直持续。老大不断长大，而老二却还是个小孩子。所以，妈妈很容易把大把精力花在老二身上。

周围的大人也会更加疼爱老二一些。无论是爷爷奶奶（外公外婆），还是叔叔阿姨，以及附近邻居，乃至陌生人，大家都只会关注老二。

正因为如此，妈妈更应该多关注大家都忽略的老大。

当家里多了一个弟弟或妹妹时，老大会有这样的感觉：原本爸爸妈妈只爱自己一个人，现在这种关爱被弟弟妹妹抢走了。不过，很多孩子都不会很好地表达自己的想法，以致深陷痛苦之中。

老二撒起娇来，大人都忙着对付老二，更会让老大觉得受到了冷落。

然后，老大就会为了让妈妈关注他而做些坏事，哪怕惹妈妈生气也要想办法获得关注。

就算妈妈不关注老二，也会有其他人疼爱他。本来老二就比较费事，所以就算妈妈不特别偏爱，也是花在老二身上的时间比较多。

虽说如此，但也不可以疼爱老大过于明显。如果妈妈过于明显地疼爱老大，老二就会不断撒娇，最终导致两个孩子吵架。

第四章
教育始于家，打造让孩子有幸福感的家庭

所以，请在老大身上花些特别的心思，并且不要让老二知道。老二还在襁褓中时，什么也不懂，倒也没有关系。但是等老二有点懂事的时候，妈妈就要注意了。

比如，**可以在老二不在的时候抱抱老大，在老二睡着后找老大谈心。光是不露声色地触碰孩子，就能让孩子感觉到妈妈的爱。**

这绝不是要你偏袒某方，也并不是要妈妈去偏爱老大。妈妈的爱应该是相同的。只是，**最好改变一下对老大和老二的关注方式。**

如果是两姐妹或者两兄弟，妈妈就更应该注意。因为性别相同时，更容易进行直接的比较，所以不知不觉中，就把这种感觉也传递给了两个孩子。

因为原本100%属于自己的父母被兄弟姐妹给抢了，所以父母应该把这部分给老大补上。

38 妈妈的味道,简单的幸福

一直以来,我都专心致志地投身于育儿事业,一门心思地想让孩子们掌握既能轻松快乐学习、又能不断提升能力的方法。我不仅学习蒙台梭利教育,收集各种信息,还引导孩子能够充分施展自己的能力,走自己想走的人生道路。

但是,多亏我那样的努力,所以孩子们上了初高中后,就不用我再做什么了。因为我已经教会了他们学习的方法,他们可以自己去学习了。

第四章
教育始于家，打造让孩子有幸福感的家庭

于是，我只要搞搞卫生、洗洗衣服、做饭做菜就好。说起来的确挺无聊的。但我觉得那样挺好。多亏孩子们自主地学习，我才能安安心心地做些其他事。

有个妈妈说："给孩子们做可口的饭菜是我唯一的生活意义。"因为这样，孩子们长大后都不在身边，妈妈就会感觉有些寂寞。但是这样被妈妈养大的孩子应该是幸福的。

妈妈做的饭菜非常重要。孩子简单而直接地感受到母爱的方式就是妈妈做的饭菜。

有一位妈妈对孩子的教育非常重视，每天都要送孩子去学这学那。妈妈自己也要工作，而且下班很晚，但一直坚持接送孩子。

我能够理解这位母亲为了教育好孩子的心意。但是，那个孩子读了初中后，就什么也不干了。因为从小开始学得太多，到了初中紧绷的弦终于断裂了。

那个孩子曾经向我讲起过他对妈妈的印象。他说，妈妈与其让他学这么多东西，不如好好地给他做几顿饭。

"太强人所难了吧！"

我听后哑口无言。

请一定让你的孩子吃上可口的饭菜。在催促他快去做作业之前，请给他做顿可口的饭菜吧。

这对于那些不擅长做菜或者每天工作的人来说，是很辛苦的。如果那样，不用每天每餐做也可以。比如只是周末做顿饭，或者在孩子远足时做便当给孩子带去，不用什么都追求完美。

有时你会端出买来的现成的佳肴吧！这种时候，最好能装到自家的盘子里，或加上汤料，或装饰上一个小番茄。仅是这样一个小小的细节，就能让孩子感受到妈妈的爱。

孩子不会表达对自己妈妈的感谢。但是,孩子对妈妈的思念中,饭食占了很大一部分。而且,妈妈做的菜将会成为孩子一辈子的记忆。

为了向孩子传达你的爱,也为了培养孩子对你的爱,务必在说快去学习之前给孩子奉上母爱拳拳的饭菜吧。

39 规矩破坏之时正是和孩子聊聊的好机会

这是我从某位妈妈那里听到的故事。

有一天,妈妈正在准备天妇罗晚餐时,对孩子说:"吃饭了,不要看电视了。"说完,就随手把电视机关了。不想,5 岁的儿子对妈妈又打又踢。

那时妈妈正在炸天妇罗,多危险哪!

生气的妈妈走到电视机旁,一下把电视机的插头拔了下来。孩子被妈妈这副样子吓到了,呆呆地站在那里。随后的几天,妈妈都没有开过一次电视,好像电视机根本不存在一样。

我觉得这种事只要吓唬一下孩子，让他强烈地意识到不可以打妈妈就行，特别是做菜的时候对妈妈又打又踢是多么危险的行为，这种行为可能会导致妈妈受伤或引发火灾等严重后果。

真正的问题还在后头。孩子因为过于害怕，连想看电视的愿望都不敢表达了，而妈妈却在此时松口说："你太可怜了，要不给你打开电视机看电视吧。"这样一来，之前的凶神恶煞也好，让孩子害怕的效果也好，全都毁于一旦。

很多妈妈在藏游戏机、收缴手机后没多久，就会觉得孩子可怜，主动把游戏机或手机还给孩子。但是在这种情况下，根本没有可怜孩子的必要。

当孩子做错事或者破坏规矩时，我们不应该去可怜孩子，而应该把这种时候当成教育的大好时机。

引导
帮助孩子自主学习的 47 个方法

恰恰是在这种时候,才能让孩子认识到不能踢人打人,踢人打人是非常危险的行为。也是和孩子定好规矩,只能在规定的时间内看电视,让他以后严格遵守的最好时机。

引起孩子反思后悔的时候,进行相关的亲子对话,才最有效。若非如此,孩子是不会听的。==教育孩子的时机非常重要。当问题发生的时候,正是对话的最好时机。==

当然,在孩子破坏了彼此约定的规则时,父母绝不能含糊了事。"算了,就这样吧"是绝对不行的。准则不能有所偏移。父母只要让孩子看到过一次妥协,孩子就再也不会去遵守规则了。

而且,只要是父母与孩子间谈好决定下来的规则,应该也没有觉得孩子可怜的必要。

遵守规则和规定,是在社会中生存下去的必备条件。==如果孩子不能遵守规则,很可能就是因为妈妈没有遵守规则导致的。==而且,如果妈妈遵守不了,那规则就毫无意义了。

40 说出真实的想法，更能深入孩子内心

无论是玩游戏玩手机，还是朋友间的交往，抑或是学习，每个家庭都有很多自己的规则吧。无论这些规则的内容如何，如果妈妈希望孩子遵守，就必须自己先进行实践。

不仅如此，和孩子说清楚必须遵守这些规则的原因也非常重要。相当多的妈妈会忘记这点。

如果你只是告诉孩子"因为这是规则"，你觉得孩子会老老实实地听从吗？你只要想一下自己小时候的情况

就会明白，孩子是不会认同的。就算是大人，也有单纯不想听的时候。

如果你没有足够的理由说服孩子，就不要说"因为这是规则"，而要说"因为妈妈是这样想的"会比较好。如果孩子问你："为什么晚上几点之前必须回家？"你是不是可以回答"因为妈妈会担心"呢？这应该就是妈妈的真实想法。

还有，当孩子问你"为什么必须做"的时候，你只要把自己的想法告诉孩子即可。与其说"因为本来就是这样的"或者"世上就是这样"，**不如说出自己的想法，更能深入孩子的心。**

如果你重视自己和孩子之间的关系，孩子应该也不会去做妈妈不喜欢的事情。

在因养孩子苦恼的妈妈中，很多人都觉得不能向孩子说出自己的真实想法，而恰恰是这类人，才会在训斥

第四章
教育始于家，打造让孩子有幸福感的家庭

孩子的时候，对孩子采用"要这样做""那样不行"的说辞。这才是以自我为中心、最不能做的"控制孩子"的行为。

这些人把以自我为中心用错了地方。

作为一个基本问题，孩子无法理解父母的想法的情况，多得超出你的想象。有时甚至那些非常重视孩子想法的人，也都没有真正把自己的想法传达给孩子。

人一旦认定是这样后，就很难彻底抹去。就算你什么也不说，如果周围人的态度让孩子有了"父母不喜欢自己"或"父母更宠爱自己兄弟姐妹"的想法，那么等孩子长大后也会一直这么认为。

我和我女儿的关系很好，经常两个人一起去购物或者旅行。即便如此，当我在女儿留学的地方说出"我为她骄傲"时，她还是非常惊讶。

当女儿问我"你真的是那么想的？"时，说实话当时的我是很震惊的,我甚至会有反问女儿"那你觉得我是怎么想的"的冲动。

原来,父母的想法一直都没能传达到孩子那里。所以,我觉得有时妈妈说出自己内心的真实想法很重要。

如果父母能诚恳地说出自己的想法,告诉孩子不希望他如何如何,很多时候孩子是通情达理的,是很愿意和父母合作的。需要注意的是,对于父母的情绪,孩子大都很敏感,父母与孩子沟通时,最好将表达情绪的话替换成表达期望的话。

第四章
教育始于家,打造让孩子有幸福感的家庭

41 抓住"最有效的时机"沟通

孩子完全没有把父母的想法听进去,是一件很遗憾的事,也是经常会发生的事。所以,意识到孩子看到的世界和父母看到的世界不一样非常重要。

也就是父母要去思考:"如果是孩子,他会怎么想?"

前几天,有个公司的社长很遗憾地说起,他35岁的儿子说他爱生气。而按照他本人的说法,他那是在表扬儿子,但儿子却不这么理解。

妈妈当中不也有很多只管自己说,不事后反思回想的人吗？试着反思自己说出口的话非常重要。

如果此时你能想想孩子的感受，就会养成从孩子视角思考的习惯。这是去理解孩子并设法采用让孩子听进去的说辞和表达方法的基础。

最重要的是，说话要看准时机。很多妈妈都不太考虑说话的时机，只要一注意到孩子的问题就会马上说出来。请妈妈们不要这样，**看准了孩子听得进去的时候再说吧。**

人就算事先被告知，也是不能真正被理解的。就算事先有人提醒说"这里很危险，要小心"，也还是会有人摔倒。不在摔倒的时候说，他是不会明白的。

也就是说，摔倒的时候才是说的最佳时机，也是孩子做好倾听准备的时候。此时如果你说"这个地方很危险，下次你要注意哦"，孩子就会一字不落地记住你的话。

向自己喜欢的人表白或者向上司进言的时机也是非

常重要的。在说重要事情的时候，或比较难说的话题时，应该视对方情况寻找最好的说话时机，这都是同一个道理。

等待"最有效的时机"非常重要。

也许有人会觉得，对孩子不用注意那么多，但情况恰恰相反。**当孩子专注于某项事情时，不论你说什么，他都是听不进去的。**

所以，真正希望孩子听你说的时候，与其唠叨个不停，不如用平静的语气好好说。如果你对孩子说的时候，不是絮絮叨叨，就是扯着嗓子怒吼，那么孩子是什么也听不进去的，他只想着这样的时刻赶快过去。

越是希望孩子听，越应该平静地说。这样，孩子才会听你说。当然，夫妻之间也应该如此。

为了达到平静说话的目的，必须让孩子处于情绪稳定的状态之中。所以要好好观察孩子,以辨别最佳的时机。**父母如果只是在想说的时候把自己想说的话一吐为快,那么孩子是什么也听不进去的。**

当父母的内心平静安稳时,也能够去聆听孩子的心声,了解他内心的想法,理解他,才能够真正地从思想上去引导他。

42 训斥孩子要讲究方法

其实，很多妈妈在训斥孩子或提醒孩子注意时，都会想"自己的这种说话方式到底好不好"，因为她们对"自己的这种说话方式好不好""是否可以对孩子这样说"心存疑虑。

有这种疑虑的妈妈，请一定要鼓起勇气试试。试着说一下，看看对方反应也是很有必要的。

但是，要在孩子身上显现出效果需要很长的时间。孩子还小的时候，会马上看到结果。但孩子越大，有时

引导
帮助孩子自主学习的 47 个方法

花费的时间也就越长。

此时,妈妈不轻言放弃尤为重要,忍耐可能是必要的。

还有,**在批评孩子或提醒孩子注意时,要给孩子准备一条"退路"或"后路"。**也就是说,父母不要百分百地把话全部说完。请避免使用全部封死、不留后路的表达方式或决定性的措辞。

很多父母觉得不能让孩子有反驳的机会,但其实恰恰相反。如果孩子什么都说不了,就会被逼到绝路,就什么也不会与父母说了。所以,请给孩子留点反驳的空间。

其中有些父母为了说服自己的孩子,会和孩子讲道理。不过,就算父母一口气把道理全部讲完,孩子也理解不过来。所以,孩子需要思考的时间。

希望父母能给孩子充裕的时间。

好好地观察孩子,冷静下来,留心判断什么时候不

第四章

教育始于家，打造让孩子有幸福感的家庭

适合再多说了。

孩子被父母说了之后，也不是马上会做的。就算是你自己也应该是这样的。但是，很多父母早已忘记了这点。无论如何，都不是非得现在就要怎么样的。

而且，不同的人理解的角度也是不一样的，孩子的理解也未必就与你的理解完全相同。所以，当父母发现孩子并不理解的时候，请考虑用其他的表达方式来沟通。

请不要说："相同的话你要我说多少次！"

如果你真的想让孩子听你说，就一定不能用粗暴、大声叱责、甚至威胁恐吓的方式。在那种情况下，你觉得孩子会想听吗？孩子只会缩成一团，等着你赶快把话说完。

有些妈妈会用大人之间绝对不会用的方式来训斥孩子。

如果，你实在是气极了，无法控制自己的怒气，就应该先考虑采取什么对策。否则，妈妈和孩子都会陷入负面的漩涡中无法自拔。

孩子做事情有不足的地方，不是说难听的狠话，才能起到教育指正的效果。使用婉转的方法，也能达到同样的目的。最后，想要再跟父母分享教育指正孩子要注意的事项：一是对事不对人，尊重孩子的人格。二是稳定情绪，不要失控。

第四章

教育始于家，打造让孩子有幸福感的家庭

43 父母分工协作，养育孩子更有效

过去，对孩子教育缺失的爸爸很多。而现在，越来越多的爸爸已经积极参与到孩子的教育中来了。

这倒不是孰好孰坏的问题，保持平衡非常重要。

若是爸爸对育儿漠不关心，全权交由妈妈负责，一旦妈妈发起飙来，就无人可以阻止。但是，不管妈妈如何发飙，孩子如果能在爸爸这里受到庇护，孩子也能得到放松。

相反的，如果爸爸也和妈妈一样对育儿和教育非常上心，孩子的压力就会增加。

如果孩子的人数较多，这种压力尚可被分散。但是，现在独生子女的家庭很多，这就意味着一个孩子必须承受来自父母双方的压力。

而父母和孩子都没有意识到这点才是最大的问题。而且，在多数情况下，意识到的时候已经为时过晚。

如果父母双方都唠叨孩子做这个做那个，孩子真的会很痛苦。如果只是妈妈说，孩子还可以自行调整，但如果爸爸妈妈都这样，孩子就连自行调整都困难了。

有位爸爸很担心地对我说："我很会唠叨，会不会很糟糕？"我细细一问，原来爸爸对孩子吃饭时的礼仪有非常严格的要求。

在这种情况下，务必请父母分工合作。关于用餐礼仪就由爸爸提醒，妈妈什么也不要说。反之，妈妈严厉批评的时候，爸爸也什么都不要说。

第四章
教育始于家，打造让孩子有幸福感的家庭

通常情况下，妈妈会相对比较啰唆一些。孩子是自己怀胎 10 月好不容易生下的骨血，之后又 24 小时日夜照顾，所以无论如何都会唠叨的。

而且，妈妈接触孩子的时间也比较长。如此一来，妈妈唠叨较多也是没有办法的事。所以，做爸爸的尽量不唠叨或许更好。

爸爸严厉提醒孩子的时候，如果孩子能够做到，妈妈就要给予褒奖（其实由爸爸自己来表扬最好）。

爸爸过于严厉，孩子就会与妈妈串通一气。当然，也有反过来的情况。**严厉可以，不过只要孩子做好了，就应该给予表扬，这样孩子也会很开心，觉得爸爸非常关注自己，还能够感受到爸爸的爱**，孩子的自信自然提升了。

如果父母双方都很严格，孩子就会陷入绝境。所以，夫妻最好分工合作。如果一方很严格，那不太严格的一方就要表扬孩子。

44 父母不要在孩子面前说对方坏话

在维系与孩子的关系方面，作为父母，彼此不说对方坏话至关重要。

但是，父母之间总有些意见不合，毕竟是人，一不留神坏话就会脱口而出，这也是没有办法的。

所以，表扬还是必要的。在爸爸不在家的时候，妈妈要不要试着对孩子说"爸爸在某项工作技能方面很厉害"呢？

日本人不太习惯表扬自己的亲人，习惯说些对方不

第四章
教育始于家，打造让孩子有幸福感的家庭

好的地方，所以在孩子看来就会有"既然如此，为什么还要结婚？"的疑惑。

孩子很小的时候，如果孩子和爸爸接触的时间很短，就无法了解爸爸的情况（比如：爸爸晚上这么晚到底在干什么等）。所以，妈妈有必要和孩子解释说："爸爸正在忙工作呢。"

不要以为"没什么好表扬的地方"，请有意识地找一下。因为那也是为了孩子。

另外，在叱责孩子的时候，请绝对不要说："你和你爸爸一模一样。"妈妈如果这么说孩子，孩子会搞不清楚自己存在的意义。

爸爸妈妈本是不同的人，而孩子是维系双方的纽带。 无论你再怎么讨厌丈夫，也不能切断他与孩子之间的关系。你可以和自己的闺蜜抱怨丈夫的不是，但唯独不要和孩子说。

其实，最好的方式是和谁都不要说，因为有时孩子会很敏感地察觉到。

虽说如此，但如果压力很大，那么发泄出来也好。这样做既是为了孩子好，同时也是为了夫妻关系的和谐。

另外，==绝对没有必要撒谎。没必要强迫自己把丈夫很讨厌的地方说成好的地方。我觉得你可以试着问下孩子："爸爸的这些地方真让人头疼，该怎么办才好呢？"==

还有，如果妈妈要工作，有时就会让外公外婆（或爷爷奶奶）来帮忙照顾孩子。这样就会有各种各样的烦恼，不过我觉得只要（外）祖父母温柔地待孩子便好。

妈妈很严格，所以去外婆（奶奶）那里就能松口气。外公外婆（爷爷奶奶）总是笑意满面地迎接孩子。对于孩子而言，外公外婆（爷爷奶奶）就起到了这样的作用。==所以，育儿和教育的相关事宜，就不要劳烦外公外婆（爷爷奶奶）过问了吧。==说的人多，会造成孩子的混乱。如果外公外婆（爷爷奶奶）和父母都对孩子严格管教，孩子会变成什么样子呢？

我担心孩子会失去能让自己心安的绿洲。

父母二人关系也好，和（外）祖父母的关系也好，希望都能从"孩子会怎么想""会对孩子产生什么影响"的角度进行思考。

不要把大人之间的矛盾，带到孩子的身上，用乐观、积极、善良、宽容去感染孩子，他应该在一个良好的家庭氛围下健康成长。

45 制订使用规则，让孩子做自己的"设备管家"

现在，在读小学时就有了手机的孩子越来越多，我觉得只要孩子没提出要，就不用给他买。换句话说，如果孩子提出来要，家长经过深思熟虑后再买就是。

如果整个班的孩子都有手机，而孩子本人也希望有一个的时候，我觉得也不好不给他买。

但是，如果孩子没说要，父母主动买可以玩游戏的手机给孩子当礼物，这种做法不太可取。**家长必须认真思考一下给孩子配备手机的原因。**

第四章
教育始于家，打造让孩子有幸福感的家庭

现在很多游戏都是可以和朋友联网一起玩的，孩子本来就热衷玩游戏，再和朋友一起玩就更加戒不掉了。如果太过沉迷，还有可能上瘾。

如果长时间玩游戏玩手机，就不会有时间学习。不仅如此，研究结果显示，在学习时间相同的情况下，平时玩手机的孩子成绩相对较差。这不只是时间上的问题。

话虽如此，**游戏本身就设计得引人入胜，你要让孩子不着迷也是不可能的。**就算是大人，也会着迷，所以妄图阻止孩子着迷是不可能的。

举个例子来说，如果做完作业后再玩游戏，孩子则会玩得着迷，玩一晚上。虽说如此，如果在学习前玩游戏，若非没有极其坚强的意志，也是欲罢不能的吧。

正因为如此，**好好立下规矩，遵守规则十分必要。**

据说，有个孩子对手机上瘾，他父母藏了很多次，有一次他向朋友借了些漫画书看，结果沉迷其中，连续看了五六个小时。

比起手机或者游戏，我个人觉得还是漫画书好些。为什么呢？漫画书总有看完的时候。但是，无论看什么都不宜过度沉迷。连续看上几个小时并不好。

但是，孩子会以此为契机，不再那么迷恋手机。

而且，我觉得比起玩游戏，看电视会更好。因为电视总会有告一段落的时候。而游戏玩多少个小时都行。手机上的一个游戏玩完了，又可以一个接一个地下载，非常方便。

与此相比，电视却不能看上几个小时。因为看着看着人会犯困，而且小学生想看的电视节目也不是一直都有。

游戏、手机、漫画、电视本身并没有什么不好，但如果一直沉迷其中就不太妙了。父母要把其中的利害关系与孩子好好说清楚，让孩子严格遵守。

46 数字时代的最好陪伴是保持同步

坦白说,我本人也非常容易对游戏着迷,所以我十分理解沉迷于游戏的孩子的心情。一玩起来真的可以持续好几个小时。

刚下决心把所有的游戏应用软件删除,过不了三天又开始了新一轮的下载……如此周而复始。甚至到了被儿子数落"太没出息了,不要再玩了"的地步,我自己也为此羞愧万分。

或许正在翻阅本书的妈妈中,有从来不玩游戏的妈妈。不过，大部分人应该都用手机玩过游戏吧，比如在坐电车或者想消磨时间的时候。

我觉得，果真一次都没玩过游戏的人，也可以试着玩几把。这样，你就能够理解孩子沉迷其中的心情了。

现在的游戏种类繁多，很多游戏涉及历史、地理、经济等各方面的知识。**其实，了解孩子正在玩些什么非常重要。**

游戏软件也好，应用软件也好，买给小学生玩的都是父母。所以，父母应该知道其中的内容。如果孩子是用自己零花钱买的，做父母的更应该了解一下。

试着去理解各种游戏中的乐趣和挑战。如果你能理解孩子的兴趣，而他们也能理解你的想法，那么你就可以避免争端，更好地引导孩子。

除了游戏之外，漫画书、动画片也要和孩子保持相同的兴趣一起观看，这能增加亲子间的谈资，父母和孩子会有说不完的话。当孩子在情感上跟你保持亲近,你就能够更好地影响他。

每天傍晚,一边看动画片一边做晚饭,是我的必修课。所以我会把这些内容告诉孩子,或和孩子们天南地北地闲聊,或建议他们和我一起看书,这种时光非常令人陶醉。

我们所谈的话题甚至涉及小说和电影。即便到了现在,每次和孩子们见面时,我们也总是相谈甚欢,比如"那本书你看了没有?""那部电影你看了没有?"等。

如果父母不能跟随时代,就将越来越难和自己的孩子保持亲密沟通,也无法在孩子探索未知的互联网时,为他提供引导和保护。想要陪伴孩子在数字时代健康成长,大人要调整好心态,及时更新自己的认知,努力和孩子保持同步。

47 妥善使用手机，眼光要放长远

有时孩子在公交车或电车里吵闹，会引起旁人对孩子妈妈的呵斥。

所以，妈妈为了让孩子保持安静，会丢给孩子一部手机，不过这样又会引来另一拨人的闲话："孩子这么小，怎么能让他玩手机呢？"

是否该让孩子接触手机，这个问题毁誉参半，意见众多。做妈妈的也会在心里犯嘀咕，不知道这样做到底好不好，但另一方面我也很能理解妈妈的痛苦心情。

第四章
教育始于家，打造让孩子有幸福感的家庭

不过，受到呵斥只是一瞬间的事，没什么大不了的。我敢说，比起被别人吼一下，还是让孩子从小玩手机更令人担忧，因为这种做法会影响到孩子的将来。

很有可能，孩子会因为你的这一个动作，一辈子对手机上瘾。

考虑一下孩子的将来吧！就算是在公交车或电车中，如果只是想着"控制住目前的局面就好"，就有可能导致日后难以想象的后果。

我听说，到精神科医生那里看病的孩子中，有的一天 6～7 小时都离不开手机。也许你会觉得"我家孩子才不会……"，但孩子会变成怎样谁都无法预料。

手机自诞生以来，已有 20 年的历史。睡眠障碍、视力下降、沟通能力低下等各种问题日益突显。

养孩子的确很辛苦，这点我感同身受。

但是，养孩子的过程虽然辛苦，却一定会有对等的回报。当然，也请大家明白，妈妈如果图轻松，也一定会有相应的后果。

而且，孩子对手机产生兴趣，也是受到了父母一直看手机的影响。孩子看到妈妈看手机很开心，自己就会想去尝试（父母务必要让孩子把这种心思转移到绘本或其他事物上去）。

另外，有人说，动不动就去网上检索的父母，培养出的孩子记忆力会比较差。我觉得不仅孩子是这样，大人也是如此。深陷"谷歌一搜就能跳出答案"的环境中，根本不需要用脑子去记。

我们过去能记住每个朋友的电话号码，但现在很多人连自己的电话号码都记不住。因为根本没有记的必要。

但是，如此一来，人的大脑会不会越来越迟钝了呢？

第四章

教育始于家，打造让孩子有幸福感的家庭

父母引导须知

1. 在陪伴孩子成长的过程中，父母一定要"寓教于互动"。孩子会在互动中感受到温暖和乐趣，会爱上学习的内容。

2. 孩子的学习需要父母参与，这是促进亲子关系的绝好机会。如果希望孩子读书，妈妈也要认真读书或认真工作，让孩子和你一起沉浸在安静里。

3. 教育孩子的时机非常重要。当问题发生的时候，正是对话的最好时机。越是希望孩子听，越应该平静地说。

4. 如果你真的想让孩子听你说，就一定不能用粗暴、大声叱责、甚至威胁恐吓的方式。

5. 如果父母双方都很严格，孩子就会陷入绝境。所以，夫妻最好分工合作。如果一方很严格，那不太严格的一方就要表扬孩子。

后 记

考试季一过,每个家庭都会很明显地呈现出或喜或悲的气氛,这也是没有办法的。

如果孩子学习努力,通过了考试,则全家皆大欢喜,仿佛人生开挂了一般。或许孩子的未来就有了保证。

另一方面,如果花费了大量的时间和金钱,依然没有通过考试,就会失落沮丧,全家人都心情黯淡。

但是,从孩子长远的人生考虑,没有通过考试未必就是坏事。

通过中考意味着接下来的 6 年都要在同一所学校度过。因为能够直升高中,所以无论如何都会有学生中途懈怠。

后 记

其他学校的学生在初中二年级之前差距不大,不过在公立学校到了初三就必须参加高考。整个学年都会进入备考模式,所以孩子会很自然地思考自己的未来,采取必须学习的态势。

我曾经听一位初高中一贯制的学生说:"我不知道什么时候开始参加高考,什么时候打开学习的开关。"

有些孩子觉得,如果不参加中考,而去参加高考,就不会偷懒到这种地步。可是,就算孩子不参加中考,如果不去读初高中一贯制学校,就不会偷懒懈怠了吗?如果有人这么问,老实说我也无法预料到结局。

不管怎样,就算看似那一瞬间很幸福,但从长远的眼光来看,或许会成为迈向相反方向的契机。

即便是看似失败的情况,有时也可以以此为食粮,从跌倒的地方不断成长,最终收获巨大的成功。我们经常可以听到这样的话:如果没有那次失败,或许就没有成功。

也就是说一次的成功或者失败，在漫长的人生长河中不过是弹指瞬间，并不能决定从明天一直延续下去的将来。

人的一生难免遇到挫折，不可能一帆风顺。无论遇到什么事，都应该坚强地生活下去。面对失败，也要充满自信地迈步前进，难道不是吗？

我认为，养孩子的确不能只看现在，应该用长远的眼光来看待。

养孩子的事情很多吧。有时也会有为什么要那样做的后悔情绪吧。但是，反省了之后也不要后悔，积极地思考下次该怎么办或要怎么做就好。

无论什么人的人生都有跌宕起伏。既有晴空万里，又有乌云密布，还有狂风暴雨。

后 记

　　我衷心祝愿阅读本书的妈妈们,能培养出充满自信、思路活络、拥有随机应变的应对能力、无论发生什么事都能正视并努力克服的孩子。

图书在版编目（CIP）数据

引导：帮助孩子自主学习的47个方法/（日）楠本佳子著；程俐译.--北京：北京时代华文书局,2021.6
ISBN 978-7-5699-4185-2

Ⅰ.①引… Ⅱ.①楠…②程… Ⅲ.①学习方法-家庭教育 Ⅳ.① G791② G78

中国版本图书馆 CIP 数据核字 (2021) 第 099853 号
北京市版权局著作权合同登记章 图字：01-2019-1909

JUNISAI MADE NI "JISHIN GUSE" WO TSUKERU OKASAN NO SHUKAN by KUSUMOTO Yoshiko,
Copyright © KUSUMOTO Yoshiko,2017
Simplified Chinese translation copyright © 2021 by Beijing Time-Chinese Publishing House Co.,Ltd.
All rights reserved.
Original Japanese language edition published by CCC Media House Co., Ltd.
Simplified Chinese translation rights arranged with CCC Media House Co., Ltd. through Future View Technology Ltd.

引导：帮助孩子自主学习的47个方法
YINDAO BANGZHU HAIZI ZIZHU XUEXI DE 47 GE FANGFA

著　　者｜[日]楠本佳子
译　　者｜程俐

出 版 人｜陈　涛
图书策划｜陈丽杰　冯雪雪
责任编辑｜袁思远
执行编辑｜冯雪雪
责任校对｜张彦翔
封面图片｜骥　彬
装帧设计｜孙丽莉　迟　稳
责任印制｜訾　敬

出版发行｜北京时代华文书局 http://www.bjsdsj.com.cn
　　　　　北京市东城区安定门外大街138号皇城国际大厦A座8楼
　　　　　邮编：100011　电话：010 - 64267955　64267677
印　　刷｜河北京平诚乾印刷有限公司 0316-6170166
　　　　　（如发现印装质量问题，请与印刷厂联系调换）
开　　本｜880mm×1230mm 1/32　　印　张｜6.5　字　数｜110千字
版　　次｜2021年9月第1版　　　　　印　次｜2021年9月第1次印刷
书　　号｜ISBN 978-7-5699-4185-2
定　　价｜42.00元

版权所有，侵权必究